19

MIJAÍL
BAKUNIN

El fin de la
revolución
social

TASCABILI

⋈⋈⋀ altamarea

Primera edición en esta colección: junio de 2024
Segunda edición: 2026

© de la presente edición: Altamarea Edición de Libros SL
altamarea.es
altamarea@altamarea.es
© de la edición: Eduardo Montagut
© de la traducción: Frank Mintz
© del prefacio: Cristóbal Ramírez
© Imagen pp. 124-125: *Un soir de grève*, Eugène Laermans (1893)

Diseño de la colección: Sara Maroto Hebrero
Corrección: Ara Lakshmi Obando Carrillo y Laura Arias Gálvez
Maquetación: Miguel Tomás Sampedro

ISBN: 978-84-19583-62-8
DL: M-12605-2024

Impreso por KS Printing en enero de 2026

MIJAÍL BAKUNIN

El fin de la revolución social

Edición de
Eduardo Montagut

Traducción de
Frank Mintz

Prefacio

Eduardo Galeano, citando a Fernando Birri, decía que la utopía no era inútil, que servía para caminar. Identificar nuestra carencia de libertad, en el modelo social actual, tampoco lo es, por obvio que haya llegado a resultar para la inmensa mayoría de seres humanos. No es solo que Bakunin siga vigente: es el revulsivo imprescindible para conocer nuestra realidad, para —al menos— no ser engañados.

Los textos que aquí presentamos no por breves dejan de ser importantes (capitales, diríamos, si no fuese porque esa palabra es tan poco de nuestro gusto). Cuestiones de máxima sencillez y, al mismo tiempo, de enorme profundidad, como la educación, dónde y en qué entorno hemos nacido, qué estamos obligados a hacer para sobrevivir —dependiendo para ello de nuestro esclavista—, son aquí tratadas de manera rotundamente sencilla y resuelta. Una breve lectura que ayuda a abrir ojos y conciencias.

No es mucho decir que el movimiento anarquista, incluso el que llamamos anarcosindicalista, carecería de raíz sin un texto como el que nos ocupa. «La pobreza es la esclavitud, es la necesidad de vender el propio trabajo». De repente, despertamos: somos esclavos. No seremos libres mientras la servidumbre del trabajo exista en nuestras vidas; ese es nuestro verdadero yugo, en el siglo XIX y en el XXI. En otra obra de Bakunin podemos leer: «Ser esclavo es estar obligado a trabajar para otros […] Hoy se les llama asalariados». Y ese «hoy» tiene ya cientos de años.

Sin soluciones mágicas para lo que seguimos considerando una utopía, Bakunin apunta a sus causas y efectos: «La minoría instruida gobernará eternamente a las masas ignorantes». Masas que no saldrán de la ignorancia mientras tengan que dedicar todos sus recursos a sobrevivir, por lo que «la instrucción que puedan dar a sus hijos será siempre infinitamente inferior a la de los hijos de la clase burguesa». Abunda Bakunin en otra de sus obras a este respecto: «El trabajo de los burgueses más mediocres se paga casi siempre tres o cuatro veces más que el del obrero más inteligente». Y, así, *ad infinitum*.

Obligado es agradecer a Frank Mintz su generosidad al poner a nuestra disposición, de manera altruista, su traducción de los textos de Bakunin, su revisión de la edición, así como su impagable dedicación a este autor. Y, al profesor Eduardo Montagut, su entusiasmo en este proyecto, y el tiempo que le ha robado a otras tareas para hacer realidad esta edición.

Caminemos juntos a través de estas páginas y descubramos adónde nos llevan.

CRISTÓBAL RAMÍREZ

Introducción

Reeditar las tres conferencias de Bakunin a los obreros del valle de Saint-Imier, en Suiza, un siglo y medio después de ser pronunciadas no puede ser, exclusivamente, un ejercicio de recuperación de unos textos fundamentales del anarquismo para satisfacer nuestra curiosidad, sino algo mucho más relevante, ya que —pensamos— puede ayudarnos a comprender la importancia de unas ideas que han conformado el pensamiento y la acción de tantos hombres y mujeres desde entonces. Nos permite, además, comprobar que, salvadas las referencias a hechos concretos, estos textos aportan materiales harto sugerentes para la reflexión, tanto para aquellos que se inspiran hoy en el pensamiento libertario en su tarea y en su compromiso diario como para quienes, inquietos por el conocimiento, pueden encontrar aquí interpretaciones de la Historia que seguramente no conocían, sorprendiéndose de la lucidez de aquel ruso que, nacido en el seno de una familia muy acomodada, dedicó su vida al compromiso político y ahondó en un concepto de la libertad —y su consiguiente puesta en práctica— harto distinto al que se implantaba en su época, ya que la asoció de forma indisoluble con la igualdad.

En esta edición hemos empleado la traducción de Frank Mintz, al que no podemos dejar de agradecer su generosidad.

Hemos creído necesario presentar una aproximación a las conferencias, y anotar las mismas con el fin de contribuir a entender los aspectos y alusiones de tipo histórico que Bakunin realizó y que —creemos— no se atendieron completamente en las ediciones anteriores. En todo caso, para comprender a Bakunin, sigue siendo imprescindible acudir a los expertos en anarquismo, es decir, a Max Nettlau, Sam Dolgoff o Ángel J. Cappelletti.[1]

Aproximación a las tres conferencias

En la primera conferencia a los obreros del valle de Saint-Imier, en mayo de 1871, Bakunin expuso que el mundo moderno era el resultado de dos revoluciones, la Reforma y la Revolución francesa, aunque se centró en el mundo que había generado la primera.

La Reforma destruyó el feudalismo y también la omnipotencia de la Iglesia, además de impulsar el proceso de emancipación de la clase burguesa, que se había preparado ya en la Edad Media a través del desarrollo de las libertades comunales o ciudadanas y de sus actividades económicas, asuntos que estaban profundamente relacionados. En todo caso, la gran consecuencia de esta primera revolución fue el nacimiento del Estado moderno, ya fuera según el modelo absolutista, «nobiliario, militar y burocrático» de gran parte de Europa o según el modelo «constitucional y aristocrático» inglés.

En primer lugar, la Iglesia católica, pero también las Iglesias protestantes, pasaron a depender del Estado. Esto era lo más importante, porque a Bakunin, en su propósito de mostrar a los trabajadores la historia de la desigualdad y el camino de la emancipación, no le interesaba detenerse en las diferencias teológicas entre católicos y protestantes. Es más, las consideraba absurdas y ocuparse de ellas, una pérdida de tiempo.

La Iglesia medieval había sido la verdadera señora de la tierra. De ella habían dependido todas las autoridades temporales y de ella procedía el reconocimiento que permitía a estas gozar de sus privilegios. La lucha de los dos últimos siglos medievales concluyó con la proclamación de la independencia de los Estados a partir de la Reforma. Sobre las ruinas del despotismo eclesiástico, dijo Bakunin, se había levantado el despotismo monárquico. La Iglesia pasaba, en la nueva época, a servir al Estado.

Pero ese cambio de posición no solamente se produjo en los países protestantes, donde los reyes eran los jefes de las Iglesias, sino también en los países católicos. En este ámbito, citaba que hasta en España había ocurrido eso. La Iglesia pasó a inculcar a las masas la resignación, la paciencia, la obediencia incondicional, la renuncia de los bienes y goces de la tierra para asegurarse beneficios celestiales.

La nobleza conservó su poder privilegiado en lo económico, a través de la propiedad de la tierra, pero perdió la independencia política en favor del nuevo Estado moderno. Pasó, como la Iglesia, a servir a este último, aunque de forma lógicamente distinta, entrando en el sistema burocrático y militar y en las cortes reales. Nos parece sugerente la apreciación de Bakunin en relación con la actitud de la nobleza hacia el tercer estado: perdieron el orgullo y la independencia, pero conservaron la arrogancia, por lo que presionaron más a las clases inferiores, y ahora con el permiso de los monarcas.

La burguesía, por su parte, pareció haber avanzado porque consiguió librarse del acoso de la nobleza feudal, pero se vio entregada a un nuevo despotismo, el fiscal del Estado moderno. Los impuestos se multiplicaron a medida que estos nuevos Estados necesitaban contar con numerosos y fuertes ejércitos para su conservación, y para las guerras por la hegemonía —o como decía Bakunin, para el «pretexto del equilibrio internacional»—. Además, los Estados generaban un inmenso gasto en sus nuevas cortes, «que se habían transformado en orgías incesantes donde la canalla nobiliaria […] iba a mendigar a su amo pensiones». Alimentar a toda esa «multitud privilegiada» era muy costoso.

Pero, además, la burguesía había perdido su papel de aliada de los reyes en la Edad Media contra la nobleza y el clero. Como estos dos estamentos habían pasado a ser servidores del Estado, los monarcas ya no necesitaban la antigua alianza.

La situación de las masas populares —tanto en el campo como en las ciudades— era peor. Los campesinos de Europa central habían intentado emanciparse en tiempos de la Reforma, pero fueron traicionados por la burguesía y por los líderes reformistas; la llamada guerra de los campesinos, o revuelta del hombre común (1524-1525), acabó en masacre y fue condenada por Lutero.

El proletariado urbano no era mucho más libre que el campesinado. Una parte estaba agrupada en corporaciones de oficios, por lo que se encontraba atada y sometida por una multitud de reglamentos impuestos por los maestros y los patronos. El resto, privados de todo derecho, sufrían condiciones de opresión y explotación, sin olvidar el peso de los impuestos.

Esta situación de dominio sobre lo que llamamos tercer estado —burguesía, campesinado y trabajadores urbanos— tenía, para Bakunin, el pretexto de la grandeza y la magnificencia del Estado. Existía una moral del Estado, distinta a la moral privada de los hombres. Bakunin explicaba que la segunda, mientras no estuviese viciada por los dogmas religiosos, tenía un fundamento generalmente aceptado, que tenía que ver con el respeto a la dignidad humana, al derecho y a la libertad de todos. Opuesta a esta moral, se alzaba la del Estado, que se imponía a todos los súbditos como un fin supremo. En esta moral, la virtud residía en servir a la potencia y la grandeza del Estado por todos los medios, posibles o imposibles, y aun contrarios a las leyes humanas y al bien de la humanidad. Todo lo que contribuyera al engrandecimiento del Estado era el bien, y todo lo que fuera contrario a ello, aunque se tratase de la acción más virtuosa o noble desde el punto de vista humano, era el mal. Crímenes, mentiras, traiciones: toda villanía cometida al servicio del Estado se convertía así en una acción meritoria.

La moral del Estado, en consecuencia, era la negación de la moral humana y de la humanidad.

Bakunin ampliaba esta crítica en la primera conferencia al expresar que la contradicción residía en la idea de Estado. Como nunca se había conseguido el Estado universal, todo Estado era un «ser menguado» que comprendía un territorio limitado y un número determinado de súbditos. La humanidad se repartía, por consiguiente, entre una multitud de Estados de todos los tamaños, pero el problema surgía porque cada uno se proclamaba representante de la humanidad entera. Ahí nacía el supuesto derecho que tenían los Estados para atacar, conquistar, masacrar y robar en función de los medios y las fuerzas de que dispusieran. Nunca se había llegado a establecer un derecho internacional porque se consideraba que todo lo que estuviera fuera del Estado quedaba privado de derecho. Los crímenes que los Estados cometían con las guerras tenían la bendición del «Dios de los cristianos», al que cada Estado estimaba como su partidario con exclusión del otro. Y en ese momento, Bakunin ironizaba porque los Estados ponían en un «aprieto a ese pobre Dios», en cuyo nombre se cometían tantos crímenes. Por eso Bakunin se decía enemigo de Dios y defendía que esa ficción, ese «fantasma divino» era una de las principales causas de todos los males. El anarquismo era un adversario apasionado del Estado, de todos los Estados. Mientras hubiera Estados no habría humanidad, habría guerra y crímenes asociados a esta, con la consiguiente ruina y miseria de los pueblos. Mientras existiesen los Estados, las masas populares, aun en los más democráticos de ellos, serían esclavas de hecho porque no trabajarían para su propia felicidad sino para el poder del Estado.

«¿Qué es el Estado?», profundizaba Bakunin. Se pretendía que fuera la expresión y la realización de la utilidad, del bien, del derecho y de la libertad de todos, pero eso era mentira, como era mentira la «fantasía de un ser divino en la imaginación de los hombres». El Estado era la garantía de la explotación en beneficio de unos pocos privilegiados, en detrimento del derecho humano de todo el mundo. Bakunin empleaba el símil del martillo y del yunque: una minoría desempeñaba el papel del martillo y la mayoría formaba el yunque. Hasta la Revolución de 1789, la clase burguesa, aunque en grado menor que las masas populares, había formado parte del yunque, y por eso se había vuelto revolucionaria.

Y aquí entroncaba su conferencia con la otra gran Revolución.

La burguesía había terminado por rebelarse contra las autoridades divinas y humanas. Aborreció especialmente a la nobleza que ocupaba un puesto en el Estado porque ansiaba ocuparlo a su vez. Pero Bakunin reconocía que a la burguesía no solo la había movilizado un interés egoísta. Aunque la naturaleza de su organización la había impulsado instintivamente a apoderarse del poder, creyó en ese momento que trabajaba por la emancipación de todos. Esa burguesía aún no había tomado conciencia del abismo que separaba sus intereses de los de las clases obreras, a las que ya explotaba y que aún no habían cobrado conciencia de su situación.

La burguesía luchó contra el Estado y contra los estamentos privilegiados. Es evidente que no pudo hacerlo sola, sino sirviéndose de la fuerza popular, a la que dirigió contra la realeza, la Iglesia y la nobleza.

Bakunin valoraba a los que llamó «gigantes del pensamiento y de la acción que salieron de la clase burguesa en el siglo XVIII», pensando seguramente en los ilustrados, aunque en la segunda conferencia criticó intensamente a Rousseau. Hacía esa valoración positiva en detrimento de la burguesía de su tiempo, a la que consideraba «roída por la duda, y desmoralizada por su propia iniquidad», por su impotencia, en fin.

La segunda conferencia giró en torno a lo que había supuesto la Revolución francesa para el pueblo y a la relación entre libertad e igualdad.

La Revolución francesa la promovió y la dirigió la burguesía («clase media»), que fue quien se aprovechó exclusivamente de ella. El programa revolucionario era, en principio, general, basado en la trilogía de la libertad, igualdad y fraternidad del género humano, pero terminó siendo un proceso que llevó a la emancipación exclusiva de una clase, en detrimento de los trabajadores, de las masas.

La Revolución fue política, derribó la tiranía política, pero dejó intactas las bases económicas, el fundamento de todas las iniquidades políticas y sociales. Proclamó la libertad, pero no dio los medios para hacerla efectiva y disfrutar de ella más que para los ricos y los capitalistas. Los pobres quedaron como esclavos, porque la pobreza era la esclavitud.

Bakunin dejó muy claro que la necesidad de vender el trabajo —y, con este, la persona— al capitalista suponía la esclavitud. Mientras, por un lado, estuviera el capital y, por otro, el trabajo, este sería esclavo del capital, y los trabajadores súbditos de los burgueses, que proclamaban las libertades y los derechos políticos, aunque ambas cosas eran exclusivamente para ellos.

El derecho a la libertad sin los medios para realizarla no era más que un espejismo, un fantasma. Bakunin definía la libertad como el desenvolvimiento íntegro y el pleno goce de todas las facultades corporales, intelectuales y morales de cada uno. Un hombre en la miseria no es un hombre libre sino un esclavo. Un hombre condenado a permanecer toda la vida como un ser brutal, sin educación, sin instrucción, es un esclavo. Y, en el caso de que pudiera ejercer derechos políticos, a buen seguro los ejercería siempre contra sí mismo, en beneficio de sus amos, de quienes lo explotaban. Así pues, insistía, un hombre obligado a vender su fuerza de trabajo y con ella su persona al capitalista que se dignaba explotarle, un hombre a quien la brutalidad y la ignorancia dejaban a merced de sus explotadores, era necesariamente un esclavo.

Según Bakunin, la libertad no era un hecho individual, sino un producto colectivo. Los hombres no podían ser libres fuera de la sociedad. En consecuencia, el ruso condenaba de forma contundente la teoría de Rousseau de que la sociedad había sido fundada por un contrato libre entre hombres anteriormente libres. Para Bakunin, esta teoría denotaba ignorancia de lo que eran la naturaleza y la historia. El contrato era, en realidad, un pacto de hambre y de esclavitud.

Pero, además, esta teoría era falsa desde el punto de vista de la naturaleza. El hombre no creaba voluntariamente la sociedad: nacía involuntariamente en ella. El hombre no llegaba a serlo sino en sociedad; solamente se podría emancipar de la presión tiránica gracias al trabajo colectivo, pues el trabajo individual era impotente y estéril. El trabajo productivo era el social, el colectivo, pero este siempre había sido explotado por los individuos a expensas de las masas obreras.

Además, para ser libre era necesario verse rodeado y reconocido como tal por hombres libres. No se era libre realmente más que cuando uno se veía reflejado en la conciencia igualmente libre de todos los hombres que lo rodeaban, como un espejo. Se era libre, en consecuencia, cuando todos eran libres.

Y esa libertad solamente sería posible cuando existiese la igualdad. Si había un ser humano más libre que otro, el segundo era un esclavo.

La igualdad ante la ley o la igualdad de derechos políticos en la Revolución francesa era la igualdad de los ciudadanos, no la de los hombres, porque el Estado solamente reconocía a los ciudadanos, no a los hombres. El «hombre para el Estado» que nacía con esta Revolución era reconocido como tal en función del ejercicio de los derechos políticos. Pero el hombre aplastado por el trabajo forzoso, socialmente oprimido y económicamente explotado no existía para el Estado. La Revolución había traído la igualdad política, no la social.

Sin igualdad social no habría igualdad política. Aunque se viviese en un Estado democrático, habría un grave problema: por más que un trabajador pudiera ejercer todos sus derechos políticos legalmente, en realidad no podría, pues dicha capacidad solamente sería facultativa, pero no real mientras no se modificasen radicalmente las bases económicas de la sociedad mediante una revolución social y no política. Los derechos políticos ejercidos por el pueblo eran una ficción, porque para cumplir convenientemente las funciones del Estado se precisaba un grado bastante alto de instrucción, y el pueblo carecía de ella. Los Estados no se preocupaban de esto, aunque Bakunin señalaba algunas excepciones al respecto —ciertas repúblicas, Estados Unidos, Suiza—. En todo caso, no se había avanzado claramente.

Bakunin insistía mucho en que, en las grandes fábricas, los obreros eran esclavos y en ellas se forzaba a trabajar también a los niños, que tenían que hacerlo para ayudar al sustento de sus familias, no por la codicia de estas. En una situación diferente estaban los obreros a los que dirigió las tres conferencias (los de las montañas, en el Jura), que trabajaban en sus talleres o en sus domicilios, ganaban más que en los grandes centros fabriles y desempeñaban labores más creativas, no embrutecedoras por culpa de las máquinas, y que les permitían tener más tiempo libre, por lo que eran más instruidos y, en consecuencia, más felices. Bakunin siempre fue profundamente crítico con el sistema fabril y prefería el pequeño taller.

En conclusión, los Estados se dividían en una masa forzosamente ignorante y en una minoría privilegiada que no era necesariamente más inteligente, sino más instruida. La conclusión era evidente: esa minoría gobernaría eternamente sobre las masas ignorantes.

Aunque pudiera votar, el pueblo no sabría quiénes eran los «buenos». Pero, además, los hombres elegibles se olvidaban del pueblo después de las elecciones. La solución tampoco era que los obreros fuesen ante los Parlamentos y ante los Gobiernos porque, obligados a ganarse el sustento, no tendrían tiempo para dedicarlo a la política y, faltos de instrucción, serían también víctimas de los políticos. En todo caso, podrían terminar por convertirse en burgueses y adoptar una postura aún más desdeñosa hacia el pueblo de donde habían salido.

La igualdad política, en conclusión, aun en los Estados más democráticos, era una mentira. Para Bakunin, el quid era la igualdad económica y social.

También era mentira la fraternidad, el tercer concepto clave de la Revolución, porque era imposible entre explotados y explotadores.

La tercera y última conferencia de Bakunin aborda el individualismo y el capital como instrumentos de dominación y explotación; al principio, explica los tipos de burguesía y vuelve sobre la relación entre igualdad y libertad a cuenta de los primeros conatos revolucionarios, y concluye con una reflexión sobre el papel emancipador de la clase obrera Lo más llamativo de este texto es el análisis de los mecanismos de producción capitalista.

Como decíamos, Bakunin analizaba al comienzo de esta tercera conferencia los dos tipos de burguesía en la Revolución francesa —entroncaba así con lo expuesto en la anterior sobre las implicaciones de este proceso para las masas—: en primer lugar, estaba la burguesía revolucionaria, los jacobinos, que Bakunin valoraba por su culto a la justicia, la libertad y la igualdad, si bien consideraba que no habían comprendido dichos conceptos, aunque no por culpa de ellos, sino del tiempo en el que vivieron; fueron héroes —de no serlo, no habrían llevado a cabo los grandes logros de la revolución—, pero cometieron errores tácticos. En segundo lugar, estaba la gran masa burguesa, a la que Bakunin no dedicaba precisamente elogios: fue esta la que acabó con los jacobinos y estableció el Directorio, «una verdadera encarnación de la depravación burguesa a finales del siglo XVIII».

En ese momento se urdió la Conspiración de los Iguales de François-Noël Babeuf y sus camaradas, a los que Bakunin calificó de jacobinos socialistas, amantes de la igualdad, pero en detrimento de la libertad. Su plan partía de la expropiación total del capital para establecer un Estado republicano, democrático y social. El Estado sería el único propietario de las riquezas y del poder político, impondría una educación igualitaria y obligaría a todos los mayores de edad a trabajar. Pero todo esto se haría a costa de la libertad, con un modelo uniforme. El gobierno sería elegido por sufragio universal pero, una vez elegido, ejercería el poder de forma absoluta, algo que —como es de suponer— Bakunin criticaba profundamente. En este punto, el ruso realizaba un recorrido histórico sobre la teoría de la igualdad establecida por la fuerza, aludiendo a Platón, a los primeros cristianos con su comunismo práctico y a Thomas Müntzer y su influencia en la Alemania de comienzos del siglo XVI. Todas estas tentativas habían fracasado porque las masas no se habían desarrollado lo suficiente pero sobre todo, y esto era lo más importante, por intentar asociar la igualdad con la autoridad del Estado, como pretendió también Babeuf. Si la libertad no podía existir sin igualdad, según había demostrado en la segunda conferencia, tampoco la igualdad se podría conseguir sin la libertad, entendida no como la que defendía la burguesía al esclavizar a las masas —es decir, un nuevo tipo de privilegio—, sino como libertad universal.

Bakunin continuaba el repaso de los acontecimientos —Napoleón, la Restauración, la Revolución de 1830— sin centrarse solo en Francia. El devenir histórico llevaba al triunfo de la burguesía basado en el concepto del individualismo, tanto en la literatura como en la política y, sobre todo, en la economía.

El individualismo era, en opinión de Bakunin, la tendencia que impulsaba al individuo a conquistar y a establecer su propio bienestar, su prosperidad, su dicha, contra todo el mundo, en detrimento y a espaldas de los demás. Era un «¡sálvese quien pueda!», una especie de lucha sin corazón ni piedad, una batalla fratricida y un crimen continuo contra la solidaridad humana, base única de toda moral. El Estado amparaba esta competencia, el triunfo de los fuertes sobre los débiles, de los ricos sobre los pobres, y consagraba la legalidad de esos crímenes, una palabra que el ruso repetía con intención.

Bakunin explicaba que el individualismo aparece en la literatura a través del joven pobre y desconocido, pero lleno de ambiciones, que consigue triunfar a base de grandes esfuerzos: una suerte de héroe moderno que protagonizaba las novelas de Victor Hugo, Dumas o Balzac.

En la política, el individualismo se aprecia en la carrera de los individuos hábiles y fuertes hacia la consecución del poder para, al final, dominar a las masas, una vez abolidos los privilegios estamentales.

Pero donde el individualismo era más evidente era en la economía, con el triunfo del liberalismo, de la libertad ilimitada. En este punto, Bakunin recuperaba la teoría, ya mencionada, del trabajo colectivo frente al carácter improductivo del individual. El problema residía en que el fruto de ese trabajo social o colectivo no era para todos, sino para una minoría. La burguesía quería el disfrute aislado de los individuos, «de los fuertes, de los inteligentes, de los hábiles, de los dichosos», en una palabra, de la minoría burguesa. No habría, así, libre competencia ni igualdad en esta lucha que Bakunin calificaba de fratricida, porque la minoría partía con mejores armas, con su educación y su riqueza heredadas.

El arma decisiva de la burguesía era el capital, que empleaba contra el proletariado, pero también contra la pequeña y mediana burguesía, ignorante del proceso, a pesar de la sencillez de este. A causa de la competencia, gracias a la libertad conquistada por el pueblo en beneficio de los burgueses, todos los fabricantes estaban obligados a vender sus productos al más bajo precio. Esto provocaba una verdadera lucha intestina en la producción burguesa, además de empeorar la calidad de los productos. En la lucha por el precio más bajo, los grandes capitales terminarían por aplastar necesariamente a los pequeños. Bakunin constataba el proceso de concentración que estaba ya produciéndose cuando impartió las conferencias y que alcanzó grandes cotas poco tiempo después a raíz de la primera gran crisis del capitalismo. Si la pequeña y mediana burguesía llegaran a comprender este fenómeno, ya se habrían asociado con el proletariado para hacer la revolución, pero les podía el egoísmo y la vanidad, y no veían que la gran burguesía las aplastaba y que el proletariado, al que despreciaban tanto como temía, amenazaba su posición. Aparece aquí definido el miedo de la pequeña burguesía a la proletarización.

Las consecuencias de la competencia burguesa eran desastrosas para el proletariado porque los fabricantes bajaban los precios, además de emplear a mujeres y niños a los que se pagaban salarios aún más bajos. Además, en este sistema, los trabajadores se hacían la competencia entre sí y eso abarataba más el salario.

Para terminar con el poder del gran capital, solo la clase obrera podía erigirse en representante de la causa de la humanidad. El porvenir pertenecía a los trabajadores. Todas las clases que estaban por encima, es decir, la burguesía, la nobleza, el clero, los funcionarios militares y civiles, que representaban la «potencia malhechora del Estado», eran clases corrompidas, incapaces de comprender y de querer el bien, y poderosas solamente por el mal.

La conferencia terminaba con alusiones a la situación en Francia, al fracaso del Segundo Imperio y a la importancia de la Comuna, e insistía en que la divisa de los trabajadores era la solidaridad, el principio de la Internacional. Por eso llamaba a los trabajadores a contribuir en la gran misión de la emancipación de la humanidad. Eso sí, debían pensar en el campesino que, envenenado —fundamentalmente por los sacerdotes— y convertido en un instrumento de la reacción, aún no tenía conciencia.

Pero no solo era necesaria la solidaridad para la tarea emancipadora, sino también, y esto era fundamental para Bakunin, la organización.

Madrid, enero de 2023

Primera
conferencia

Compañeros:

Desde la gran Revolución de 1789-1793, ninguno de los acontecimientos que sucedieron en Europa tuvo la importancia y la grandeza de los que hoy se desarrollan ante nuestros ojos con París como escenario.[2]

Dos hechos históricos, dos revoluciones memorables habían constituido lo que llamamos el mundo moderno, el mundo de la civilización burguesa. Una, conocida con el nombre de Reforma, al comienzo del siglo XVI, había quebrado el pilar que sostenía el edificio feudal,[3] la omnipotencia de la Iglesia. Al destruir aquella, preparó la ruina del poder independiente y casi absoluto de los señores feudales que, bendecidos y protegidos por la Iglesia, como los reyes y a menudo también contra los reyes, hacían proceder sus derechos directamente de la gracia divina. Y, por eso mismo, la Reforma dio un nuevo auge a la emancipación de la clase burguesa, lentamente preparada, a su vez, durante los dos siglos que precedieron aquella revolución religiosa, por el desarrollo sucesivo de las libertades comunales y del comercio y de la industria, que fueron al mismo tiempo la condición y la consecuencia necesaria.

De aquella revolución surgió una nueva potencia, todavía no la de la burguesía, sino la del Estado monárquico: constitucional y aristocrático en Inglaterra,[4] y absolutista, nobiliario, militar y burocrático en el continente europeo, salvo dos pequeñas repúblicas, Suiza y Países Bajos.[5]

Dejemos por cortesía estas dos repúblicas a un lado, y ocupémonos de las monarquías. Examinemos las relaciones entre las clases y la situación política y social después de la Reforma.

En honor a su rango, comencemos, pues, por los sacerdotes, y bajo este nombre no me refiero solamente a los de la Iglesia católica, sino también a los pastores protestantes; en una palabra, a todos los individuos que viven del culto divino y que nos venden a Dios tanto al por mayor como al por menor. En cuanto a las diferencias teológicas que los separan, son tan sutiles y al mismo tiempo tan absurdas que sería una pérdida de tiempo ocuparse de ellas.

Antes de la Reforma, la Iglesia y los sacerdotes, con el papa a la cabeza, eran los verdaderos señores de la tierra. Según la doctrina de la Iglesia, las autoridades temporales de todos los países, los monarcas más poderosos, los emperadores y los reyes, no tenían derechos sino cuando estos habían sido reconocidos y consagrados por la Iglesia. Se sabe que los dos últimos siglos de la Edad Media estuvieron atravesados por la lucha cada vez más apasionada y triunfal de los soberanos coronados contra el papa, de los Estados contra la Iglesia. La Reforma acabó con esta lucha al proclamar la independencia de los Estados. Se reconoció que el derecho del soberano procedía inmediatamente de Dios, sin la intervención del papa, y, naturalmente, gracias a este origen celestial, fue declarado absoluto.[6]

Así fue como, sobre las ruinas del despotismo de la Iglesia, se levantó el edificio del despotismo monárquico. La Iglesia, tras haber sido ama, se convirtió en sirvienta del Estado, en un instrumento de gobierno en manos del monarca.

La Iglesia adoptó esta actitud no solo en los países protestantes, en los que, sin exceptuar a Inglaterra —y principalmente por la Iglesia anglicana—, el monarca fue declarado su jefe, sino en todos los países católicos, sin excluir a España.[7] La potencia de la Iglesia romana, quebrantada por los golpes terribles que le había infligido la Reforma, no pudo sostenerse en lo sucesivo por sí misma. Para mantenerse necesitó la asistencia de los soberanos temporales de los Estados. Pero los soberanos, como se sabe, no prestan nunca asistencia a cambio de nada. No tuvieron jamás otra religión sincera, otro culto, que el de su poder y el de su hacienda, y esta era el medio y el fin del primero. Por tanto, para comprar el apoyo de los gobiernos monárquicos, la Iglesia debía demostrarles que podía y deseaba estar a su servicio. Antes de la Reforma, había levantado numerosas veces a los pueblos contra los reyes. Después de la Reforma, se convirtió, en todos los países, sin exceptuar ni siquiera a Suiza, en la aliada de los gobiernos contra los pueblos, en una especie de policía negra en manos de los hombres de Estado y de las clases gobernantes, dándose por misión la prédica a las masas populares de la resignación, de la paciencia, de la obediencia pese a todo, y la renuncia a los bienes y los goces de este mundo que el pueblo, decía, debe dejar a los felices y a los poderosos de la tierra, de modo que pudiera luego detentar para sí los tesoros celestiales. Sabemos que todavía hoy las Iglesias cristianas, católicas y protestantes, predican en este sentido. Felizmente, son cada vez menos escuchadas, y podemos prever el momento en que se verán obligadas a cerrar sus establecimientos por falta de creyentes o, lo que viene a significar lo mismo, por falta de necios.

Veamos ahora las transformaciones que después de la Reforma se produjeron en la clase feudal, en la nobleza. Esta había permanecido como propietaria privilegiada y casi exclusiva de la tierra, pero había perdido toda su independencia política.[8] Antes de la Reforma había sido, como la Iglesia, rival y enemiga del Estado. Después de esa revolución, se convirtió en sirvienta, como la Iglesia, y, como ella, en sirvienta privilegiada. Todas las funciones militares y civiles del Estado, a excepción de las menos importantes, las ocuparon los nobles. Llenaron las cortes de los grandes monarcas de Europa, y hasta las de los más pequeños se llenaron de nobles.[9] Los señores feudales, antes tan independientes y tan altivos, se transformaron en los criados titulares de los soberanos. Perdieron el orgullo y la independencia, pero conservaron la arrogancia. Hasta se puede decir que esta se acrecentó, pues la arrogancia es el vicio privilegiado de los lacayos. Viles, rastreros, serviles en presencia del soberano, se hicieron aún más insolentes frente a los burgueses y el pueblo, a los que continuaron saqueando, no ya en su nombre y por derecho divino, sino con el permiso y al servicio de sus amos, y bajo el pretexto del mayor bien del Estado.

Este carácter y esta situación particular de la nobleza se han conservado de modo casi integral, aun en nuestros días, en Alemania, país extraño y que parece tener el privilegio de soñar con las cosas más bellas, más nobles, para no realizar sino las más vergonzosas y más infames. Como prueba, ahí están las barbaries innobles, atroces, de la última guerra [franco-prusiana], y la formación reciente de ese espantoso imperio knutogermánico,[10] que es incontestablemente una amenaza para la libertad de todos los países de Europa, un desafío lanzado a la humanidad entera por el despotismo brutal de un emperador oficial de policía y militar a la vez, y por la estúpida insolencia de su canalla nobiliaria.[11]

Con la Reforma, la burguesía se vio completamente liberada de la tiranía y del latrocinio de los señores feudales, bandidos o saqueadores independientes y privados; pero se vio entregada a una nueva tiranía y a un nuevo saqueo —que se regularizaron bajo el nombre de impuestos ordinarios y extraordinarios— por parte de esos mismos señores convertidos ahora en servidores del Estado, es decir, en bandidos y saqueadores legítimos. Esta transición del saqueo feudal al saqueo, mucho más regular y sistemático, del Estado pareció primero satisfacer a la clase media. Hay que conceder que para ella supuso un verdadero alivio en su situación económica y social. El apetito viene comiendo, dice el refrán. Los impuestos del Estado, bastante modestos al principio, fueron aumentando año tras año en una proporción inquietante, pero no tan formidable como en los Estados monárquicos de nuestros días. Las razones fueron muchas. Las guerras, se puede decir incesantes, que esos Estados, transformados en absolutos, emprendieron bajo el pretexto del equilibrio internacional desde la Reforma hasta la Revolución de 1789. La necesidad de mantener grandes ejércitos permanentes, que se habían convertido ya en la base principal de la conservación del Estado;[12] el lujo creciente de las cortes de los soberanos, que se habían transformado en orgías sin fin adonde la canalla nobiliaria, toda la servidumbre titulada, atildada, iba a mendigar pensiones a su amo; la necesidad de alimentar a la multitud privilegiada que cumplía las más altas funciones en el ejército, en la burocracia y en la policía, todo eso exigía enormes gastos. Estos gastos los pagaron, naturalmente, ante todo y en primer lugar, el pueblo, pero también la clase burguesa que, hasta la Revolución [de 1789], fue tratada, si bien no en el mismo grado que el pueblo, como una vaca lechera sin otro destino que mantener al soberano y alimentar a la multitud innumerable de funcionarios privilegiados.[13] La Reforma, por otra parte, había hecho perder a la clase media en cuestiones de libertad quizás el doble de lo que le había dado en seguridad. Antes de la Reforma, había sido igualmente la aliada y el sostén indispensable de los reyes en su lucha contra la Iglesia y contra los señores feudales, y había aprovechado esa alianza para conquistar cierto grado de independencia y de libertad.[14] Pero desde que la Iglesia y los señores feudales se habían sometido al Estado, los reyes, al no necesitar ya los servicios de la clase media, la fueron privando de todas las libertades que antes le habían otorgado.

Si tal fue la situación de la clase burguesa después de la Reforma, se puede imaginar cuál debió de ser la de las masas populares, la de los campesinos y los obreros de las ciudades. Los campesinos del centro de Europa, en Alemania, en Holanda, en parte incluso en Suiza, lo sabemos, llevaron a cabo a inicios del siglo XVI, coincidiendo con los albores de la Reforma, un movimiento grandioso para emanciparse al grito de «¡Guerra a los castillos, paz en las casas pobres!». Ese movimiento, traicionado por la burguesía y maldecido por los jefes del protestantismo burgués, Martín Lutero y Felipe Melanchthon, fue ahogado en la sangre de varias decenas de miles de campesinos insurrectos. Desde entonces, los campesinos se vieron, más que nunca, asociados a la gleba, siervos de derecho, siervos de hecho, y permanecieron en ese estado hasta la Revolución de 1789-1793 en Francia, hasta 1807 en Prusia, y hasta 1848 en casi todo el resto de Alemania. En algunas partes del norte de Alemania, y principalmente en Mecklemburgo, la servidumbre existe todavía hoy, aun cuando ha dejado de existir incluso en Rusia.[15]

El proletariado de las ciudades no fue mucho más libre que los campesinos. Se dividía en dos categorías: la de los obreros que formaban parte de las corporaciones y la del proletariado que no estaba organizado de ninguna forma. La primera estaba atada, sometida en sus movimientos y en su producción, por una multitud de reglamentos que la supeditaban a los apoderados, a los patronos.[16] La segunda, privada de todo derecho, era oprimida y explotada por todos. La mayoría de los impuestos, como siempre, recaían necesariamente sobre el pueblo.

Esta ruina y esta opresión general de las masas obreras, y de la clase burguesa en parte, tenía por pretexto y por objetivo confesado la grandeza, la potencia, la magnificencia del Estado monárquico, nobiliario, burocrático y militar; Estado que había ocupado el puesto de la Iglesia en la adoración oficial y era proclamado como una institución divina. Hubo, por tanto, una moral de Estado, completamente diferente de la moral privada de los hombres, o cuando menos muy opuesta a ella. En la moral privada, mientras no esté viciada por los dogmas religiosos, hay un fundamento eterno, más o menos reconocido, comprendido, aceptado y realizado en toda sociedad humana. Ese fundamento no es otro que el respeto humano, el respeto a la dignidad humana, al derecho y a la libertad de todos los seres humanos. Respetarlos: este es el deber de cada uno; amarlos y estimularlos: esta es la virtud; violarlos, al contrario, es el crimen. La moral del Estado es por completo opuesta a esta moral humana. El Estado se impone en sí mismo a todos los súbditos como el objetivo supremo. Servir a su potencia, a su grandeza, por todos los medios posibles e imposibles, y hasta contrarios a las leyes humanas y al bien de la humanidad: eso es la virtud. Porque todo lo que contribuye al poder y al engrandecimiento del Estado es el bien; todo lo que le es contrario, aunque sea la acción más virtuosa, la más noble desde el punto de vista humano, es el mal.[17] Por esto los hombres de Estado, los diplomáticos, los ministros, todos los funcionarios, se han servido siempre de crímenes, mentiras e infames traiciones para servir al Estado. Desde el momento en que una maldad es cometida para servirlo, se convierte en una acción meritoria. Tal es la moral del Estado. Es la negación de la moral humana y de la humanidad.

La contradicción reside en la idea de Estado. No habiendo podido realizarse nunca el Estado universal, cada uno es un ser menguado que incluye un territorio limitado y un número más o menos restringido de súbditos. La inmensa mayoría de la especie humana queda, pues, al margen de cada uno de los Estados, y la humanidad entera se reparte entre una multitud de Estados grandes, pequeños o medianos, de los cuales cada uno, a pesar de que no abarcan más que una parte muy reducida de la especie humana, se proclaman y se presentan como los representantes de la humanidad entera y absoluta. Por eso mismo, cuanto queda fuera de él —los demás Estados, con sus súbditos y su propiedad— es considerado por cada Estado como algo privado de ley, de todo derecho, y que el Estado tiene, por consiguiente, el derecho de atacar, conquistar, masacrar, saquear en la medida en que sus medios y sus fuerzas se lo permitan. Sabemos, estimados compañeros, que no se ha llegado nunca a establecer un derecho internacional, y nunca se ha podido hacer precisamente porque, desde el punto de vista del Estado, todo lo que está fuera de él está privado de derecho. Por eso, basta con que un Estado declare la guerra a otro para que permita, ¡qué digo!, para que ordene a sus propios que cometan, contra los súbditos del Estado enemigo, todos los crímenes posibles: el asesinato, la violación, el robo, la destrucción, el incendio, el saqueo. Y todos estos crímenes se consideran bendecidos por el Dios de los cristianos, que cada uno de los Estados beligerantes estima y proclama como suyo con exclusión del otro, lo que, naturalmente, debe de poner en un famoso aprieto a ese pobre Dios, en nombre del cual se cometieron y se siguen cometiendo los crímenes más horribles en la tierra. Por esto somos enemigos de Dios y consideramos esta ficción, este fantasma divino, como una de las principales fuentes de los males que atormentan a los hombres.

Y por esto somos igualmente adversarios apasionados del Estado, de todos los Estados. Porque, mientras haya Estados, no habrá humanidad, y mientras haya Estados, serán permanentes la guerra y los horribles crímenes de la guerra, la ruina, la miseria de los pueblos, que son consecuencia inevitable del Estado.[18]

Mientras haya Estados, las masas populares, aun en las repúblicas más democráticas, serán esclavas de hecho, porque no trabajarán para su felicidad y riqueza propias, sino para la potencia y la riqueza del Estado. ¿Y qué es el Estado? Se afirma que es la expresión y la realización de la utilidad, del bien, del derecho y de la libertad de todos. Los que afirman tal cosa mienten, como mienten los que dicen que

Dios es el protector de todo el mundo. Desde que se formó la fantasía de un ser divino en la imaginación de los hombres, Dios, todos los dioses, y entre ellos principalmente el Dios de los cristianos, ha tomado siempre partido por los fuertes y los ricos contra las masas ignorantes y miserables. Ha bendecido, por medio de sus sacerdotes, los privilegios más repulsivos, las opresiones y las explotaciones más infames.

Del mismo modo, el Estado no es otra cosa que la garantía de todas las explotaciones en beneficio de un pequeño número de felices privilegiados y en detrimento de las masas populares. Se sirve de la fuerza y del trabajo colectivo para asegurar la dicha, la prosperidad y los privilegios de algunos, en detrimento del derecho humano de todos. Es una institución en la que la minoría desempeña el papel de martillo y la mayoría forma el yunque.

Hasta la gran Revolución [de 1789], la clase burguesa, aunque en un grado menor que las masas populares, había formado parte del yunque. Y por eso fue revolucionaria.

Sí, fue muy revolucionaria. Se atrevió a rebelarse contra las autoridades divinas y humanas, y puso en tela de juicio a Dios, a los reyes, al papa. Aborreció sobre todo a la nobleza, que ocupaba en el Estado un puesto que la clase burguesa ardía de impaciencia por ocupar a su vez. Pero no, no quiero ser injusto, y no insinúo de ningún modo que, en sus magníficas protestas contra la tiranía, divina y humana, no la hubiera conducido e impulsado más que un pensamiento egoísta. La fuerza de las cosas, la naturaleza de su organización particular, la habían movido instintivamente a tomar el Poder. Pero como todavía no tenía conciencia del abismo que la separaba realmente de las clases obreras a las que explotaba, como esa conciencia no se había despertado aún en el seno del proletariado, la burguesía, representada en la lucha contra la Iglesia y el Estado por sus más nobles espíritus y por sus más grandes caracteres, creyó con buena fe que trabajaba igualmente por la emancipación de todos.

Los dos siglos que separan las luchas de la Reforma religiosa de las de la gran Revolución fueron la edad heroica de la burguesía. Ya poderosa merced a la riqueza y la preparación, atacó audazmente todas las instituciones respetadas de la Iglesia y del Estado. Lo socavó todo; primero, con la literatura y con la crítica filosófica; más tarde, lo derribó todo abiertamente con la rebelión. La burguesía hizo la Revolución de 1789 y de 1793. Sin duda, solo pudo lograrlo sirviéndose de la fuerza popular. Pero fue ella la que organizó esta fuerza y la dirigió contra la Iglesia, contra la monarquía y contra la nobleza. Ella fue la que pensó y tomó la iniciativa de todos los movimientos que ejecutó el pueblo. La burguesía tenía fe en sí misma, se sentía poderosa porque sabía que tras ella, con ella, estaba el pueblo.

Si se comparan los gigantes del pensamiento y de la acción que salieron de la clase burguesa en el siglo XVIII con las más grandes celebridades, con los enanos vanidosos célebres que la representan ahora, se podrá uno convencer de la decadencia, de la caída espantosa que se produjo en esta clase.[19] En el siglo XVIII era inteligente, audaz, heroica. Hoy se muestra cobarde y estúpida. En aquel entonces, llena de fe, se atrevía a todo, y lo podía todo. Hoy, roída por la duda, y desmoralizada por su propia iniquidad, que está aún más en su situación que en su voluntad, nos ofrece el cuadro de la más vergonzosa impotencia.

Los acontecimientos recientes en Francia lo prueban bien. La burguesía se muestra totalmente incapaz de salvar a Francia. Prefirió la invasión de los prusianos a la revolución popular, que era la única que podía traer la salvación. Dejó caer de sus manos débiles la bandera de los progresos humanos, de la emancipación universal. Y el proletariado de París nos enseña hoy que los trabajadores son los únicos capaces de enarbolarla en lo sucesivo.

En una próxima sesión trataré de demostrarlo.

Segunda conferencia

Estimados compañeros:

Ya les dije que dos grandes acontecimientos históricos habían fundado la potencia de la burguesía: la revolución religiosa del siglo XVI, conocida bajo el nombre de Reforma, y la gran Revolución política del siglo pasado [XVIII]. Añadí que esta, realizada acertadamente gracias al poder del brazo popular, había sido iniciada y dirigida exclusivamente por la clase media. Debo ahora probarles que es también la clase media la que se aprovechó exclusivamente de ella.

Y, sin embargo, el programa de esta Revolución, al principio, parecía inmenso. ¿Acaso no se realizó en nombre de la libertad, la igualdad y la fraternidad del género humano, tres palabras que parecen abarcar todo lo que, en el presente y en el porvenir, la humanidad no puede sino querer y realizar?[20] ¿Cómo, por consiguiente, una Revolución, que se había anunciado de una manera tan amplia, terminó miserablemente en la emancipación exclusiva, restringida y privilegiada de una sola clase, a expensas de los millones de trabajadores que se ven hoy aplastados por la prosperidad insolente e inicua de aquella?

¡Desgraciadamente, aquella revolución solo fue una revolución política! Derribó audazmente todas las barreras, todas las tiranías políticas, pero dejó intactas —hasta las proclamó sagradas e inviolables— las bases económicas de la sociedad, que eran la fuente eterna, el fundamento principal de todas las injusticias políticas y sociales, de todos los absurdos religiosos pasados y presentes. Proclamó la libertad de cada uno y de todos, o más bien proclamó el derecho a ser libre de cada uno y para todos. Pero no dio realmente los medios para conseguir la libertad y para gozar de ella más que a los propietarios, a los capitalistas, a los ricos. «¡La pobreza es la esclavitud!».[21] Estas son las terribles palabras que, con su voz simpática, que parte de la experiencia y del corazón, nos ha repetido varias veces nuestro amigo Clément[22] desde que hace algunos días tengo la dicha de estar entre ustedes, estimados compañeros y amigos.

Sí, la pobreza es la esclavitud, es la necesidad de vender el propio trabajo, y con el trabajo la persona, al capitalista que nos da el medio de no morir de hambre. ¡Es preciso tener verdaderamente el espíritu interesado en la mentira de los señores burgueses para atreverse a hablar de la libertad política de las masas obreras! ¡Bonita libertad la que las avasalla según los caprichos del capital y las encadena a la voluntad del capitalista por culpa del hambre! Estimados amigos, no tengo seguramente necesidad de probarles, a ustedes que aprendieron a conocer por una larga y dura experiencia las miserias del trabajo, que mientras el capital quede de una parte y el trabajo de la otra, el trabajo será el esclavo del capital y los trabajadores serán los súbditos de los señores burgueses, a quienes les da por mofarse de todos los derechos políticos, de todas las apariencias de la libertad, para conservarlas, en realidad, exclusivamente para ellos.

El derecho a la libertad sin los medios de realizarla no es más que un fantasma. Y nosotros amamos demasiado la libertad, ¿no es cierto?, para contentarnos con su fantasma. Nosotros la queremos en la realidad. Pero ¿qué constituye el fondo real y la condición positiva de la libertad? Es el desarrollo integral y el pleno goce de todas las facultades corporales, intelectuales y morales de cada cual. Por tanto, son los medios materiales necesarios para la existencia humana; y, luego, para la educación y la instrucción. Un hombre que sucumbe de agotamiento, que se encuentra aplastado por la miseria, que muere cada día de frío y hambre y que, al ver sufrir a sus seres queridos, no puede prestarles ayuda, no es un hombre libre, es un esclavo. Un hombre condenado a permanecer toda la vida como un ser brutal, carente de educación, un hombre privado de instrucción, un ignorante, es necesariamente un esclavo; y, si ejerce derechos políticos, podemos estar seguros de que, de una manera u otra, los ejercerá siempre contra sí mismo, en beneficio de sus explotadores, de sus amos.

La condición negativa de la libertad es esta: ningún hombre debe obediencia a otro; solo es libre a condición de que todos sus actos estén determinados, no por la voluntad de los demás, sino por su propia voluntad y sus convicciones. Pero un hombre al que el hambre obliga a vender su trabajo y, con su trabajo, su persona, al más bajo precio posible, al capitalista que se digna explotarle; un hombre al que la brutalidad y la ignorancia a las que está sometido entregan a los antojos de sus astutos explotadores será necesariamente y siempre un esclavo.

Eso no es todo. La libertad de los individuos no es un hecho individual: es un hecho, un producto colectivo. Ningún hombre podría ser libre sin el concurso de la sociedad humana. Los individualistas o los falsos hermanos socialistas que hemos combatido en todos los congresos de trabajadores han defendido, junto con los moralistas y los economistas burgueses, que el hombre podía ser libre, que podía ser hombre fuera de la sociedad, al decir que la sociedad había sido fundada por un contrato libre de hombres anteriormente libres.

Esta teoría, proclamada por Jean-Jacques Rousseau, el escritor más dañino del siglo pasado, el sofista que inspiró a todos los revolucionarios burgueses, esta teoría demuestra una ignorancia completa, tanto de la naturaleza como de la historia. No es en el pasado, ni siquiera en el presente, donde debemos buscar la libertad de las masas; es en el porvenir, en un porvenir cercano. Es durante esta futura jornada cuando deberemos crear por nosotros mismos, por la potencia de nuestro pensamiento, de nuestra voluntad, pero también por la de nuestros brazos. Con nosotros no hubo nunca contrato social; solo hubo brutalidad, estupidez, iniquidad y violencia; y aun hoy —lo sabemos bien—, ese supuesto contrato se llama pacto del hambre, esclavitud del hambre para las masas y explotación del hambre por las minorías que nos devoran y nos oprimen.

La teoría del contrato social es igualmente falsa desde el punto de vista de la naturaleza.[23] El hombre no crea voluntariamente la sociedad: nace involuntariamente en ella. Es exclusivamente un animal social. No puede llegar a ser hombre, es decir, un animal que piensa, habla, ama y desea, sino en sociedad. Imaginemos al hombre dotado por la naturaleza de las facultades más geniales arrojado, desde la tierna infancia, lejos de toda sociedad humana, a un desierto. Si no perece miserablemente, que es lo más probable, no será más que un bruto, un simio, privado de palabra y de pensamiento, porque el pensamiento es inseparable de la palabra: nadie puede pensar sin el lenguaje. Por perfectamente aislados que nos encontremos con nosotros mismos, para pensar debemos hacer uso de las palabras. Podemos sin duda tener imaginaciones representativas de las cosas, pero tan pronto queramos pensar, deberemos servirnos de las palabras, porque solo estas determinan el pensamiento y dan a las representaciones fugitivas, a los instintos, el carácter del pensamiento. El pensamiento no existe antes de la palabra, ni la palabra antes del pensamiento; estas dos formas de un mismo acto del cerebro humano nacen juntas. Por tanto, no hay pensamiento sin palabra. Pero ¿qué es la palabra? Es la comunicación, es la conversación de un individuo humano con muchos otros individuos. El hombre animal solo se transforma en ser humano, es decir, pensante, gracias a la conversación, con la conversación. Su individualidad como ser humano, su libertad, es, por tanto, el producto de la colectividad.

El hombre únicamente se emancipa de la presión tiránica que ejerce sobre cada uno la naturaleza exterior gracias al trabajo colectivo, pues el trabajo individual, impotente y estéril, jamás podría vencer a la naturaleza. El trabajo productivo, el que creó todas las riquezas y nuestra civilización, siempre fue un trabajo social, colectivo. Pero hasta ahora ha sido injustamente explotado por los individuos a expensas de las masas obreras. Sucede lo mismo con la instrucción y la educación que elevan al hombre, una educación y una instrucción de la que los señores burgueses están tan orgullosos y que otorgan con tanta parsimonia a las masas populares: son, igualmente, productos de la sociedad. Las crean el trabajo y, diré más aún, el pensamiento instintivo del pueblo, aunque solo las han creado hasta ahora en beneficio de los burgueses. Se trata, pues, otra vez, de la explotación de un trabajo colectivo por individuos que no tienen ningún derecho a ello.

Todo lo que es humano en el hombre, y más que otra cosa la libertad, es el producto de un trabajo social, colectivo. Ser libre en el aislamiento absoluto es un absurdo inventado por los teólogos y los metafísicos, que reemplazaron la sociedad de los hombres por su fantasma, por Dios. Cada cual, dicen, se siente libre en presencia de Dios, es decir, del vacío absoluto, de la nada. Por tanto, es la libertad de la nada, o la nada como libertad, es la esclavitud. Dios, la ficción de Dios, fue históricamente la fuente moral, o más bien inmoral, de todas las servidumbres.

En cuanto a nosotros, que no queremos ni los fantasmas ni la nada, sino la realidad humana viviente, reconocemos que el hombre no puede sentirse y saberse libre, y, por consiguiente, no puede realizar su libertad, sino en medio de los hombres. Para ser libre, tengo necesidad de verme rodeado y reconocido como tal por hombres libres.[24] No soy libre más que cuando mi personalidad, reflejándose, como en otros tantos espejos, en la conciencia igualmente libre de todos los hombres que me rodean, vuelve a mí reforzada por el reconocimiento de todo el mundo. La libertad de todos, lejos de ser una limitación de la mía, como lo pretenden los individualistas, es, al contrario, su confirmación, su realización y su extensión infinita.[25] Querer la libertad y la dignidad humana de todos los hombres, ver y sentir mi libertad confirmada, ratificada, infinitamente extendida por el asentimiento de todo el mundo, es la dicha, el paraíso humano en la tierra.

Pero esa libertad solo es posible en la igualdad. Si hay un ser humano más libre que yo, me convierto forzosamente en su esclavo; si yo soy más que él, él será el mío. Por tanto, la igualdad es una condición absolutamente necesaria de la libertad.

Los burgueses revolucionarios de 1793 comprendieron muy bien esta necesidad lógica. Así, la palabra «igualdad» figura como el segundo término en la fórmula revolucionaria: «libertad, igualdad, fraternidad». Pero ¿qué igualdad? La igualdad ante la ley, la igualdad de los derechos políticos, la igualdad de los ciudadanos en el Estado. Examinemos bien este término, la igualdad de los ciudadanos, no la de los hombres, porque el Estado no reconoce a los hombres, no reconoce más que a los ciudadanos. Para él, el hombre solo existe cuando ejerce —o, por pura ficción, cuando en teoría ejerce— los derechos políticos. El hombre aplastado por el trabajo forzoso, por la miseria, por el hambre; el hombre que está socialmente oprimido, económicamente explotado, exprimido, y que sufre, no existe para el Estado, que ignora sus sufrimientos, y su esclavitud económica y social, su servidumbre real, oculta bajo las apariencias de una libertad política mentirosa. Esta es, pues, la igualdad política, no la igualdad social.

Estimados amigos: saben todos por experiencia cuán engañosa es esa pretendida igualdad política cuando no está fundada sobre la igualdad económica y social. En un Estado ampliamente democrático, por ejemplo, todos los hombres mayores de edad y que no hayan sido condenados por ningún delito tienen el derecho —y, añaden, incluso el deber— de ejercer los derechos políticos y de cumplir las funciones para las cuales puede llamarlos la confianza de sus conciudadanos. El último hombre del pueblo, el más pobre, el más ignorante, puede y debe ejercer todos sus derechos y cumplir todas esas funciones. ¿Puede imaginarse una igualdad más amplia que esa? Sí, él debe, puede legalmente; pero, en realidad, le es imposible. Para los hombres que forman parte de las masas populares, ese poder solo es facultativo, nunca llegará a ser real a no ser que se produzca una transformación radical de las bases económicas de la sociedad; sí, digamos la palabra, una revolución social. Esos supuestos derechos políticos que puede ejercer el pueblo solo son, por tanto, una vana ficción.[26]

Estamos hartos de ficciones, tanto religiosas como políticas. El pueblo está harto de nutrirse de fantasmas y de fábulas. Tales alimentos no sirven. Hoy el pueblo exige la realidad. Veamos, pues, lo que hay de real para él en el ejercicio de los derechos políticos.

Para cumplir a conciencia las funciones, y sobre todo las más altas funciones del Estado, es preciso poseer un grado bastante alto de instrucción. Al pueblo le falta totalmente la instrucción. ¿Es por su culpa? No, es culpa de las instituciones. El gran deber de todos los Estados verdaderamente democráticos es llevar la instrucción al pueblo. ¿Hay un solo Estado que lo haya hecho? No hablemos de los Estados monárquicos, que tienen un interés evidente en propagar no la instrucción, sino el veneno del catequismo cristiano en las masas. Hablemos de los Estados republicanos y democráticos como Estados Unidos de América y Suiza. Por cierto: hay que reconocer que estos dos han hecho más que los otros por la instrucción popular. Pero ¿han llegado al objetivo, a pesar de toda su buena voluntad? ¿Les ha sido posible dar indistintamente a todos los niños que nacen en su seno una instrucción igual? No, es imposible. Para los hijos de los burgueses, la instrucción superior; para los del pueblo, la instrucción primaria solamente y, en pocas ocasiones, algo de enseñanza secundaria. ¿Por qué esta diferencia? Por la simple razón de que los hombres del pueblo, los trabajadores de los campos y de las ciudades, no tienen el medio de mantener, es decir, de alimentar, vestir, alojar a sus hijos durante toda la duración de los estudios. Para darse una instrucción científica es preciso estudiar hasta la edad de veintiún años, algunas veces hasta los veinticinco. Les pregunto: ¿qué obreros pueden mantener tanto tiempo a sus hijos? Este sacrificio es superior a sus fuerzas, porque no tienen capitales ni propiedad, y porque viven al día con su salario, que apenas basta para el mantenimiento de una familia numerosa.[27]

Y aun es preciso decir, estimados compañeros, que ustedes, trabajadores de las montañas, obreros en un oficio que la producción capitalista, es decir, la explotación de los grandes capitales, no ha llegado todavía a absorber, son comparativamente muy dichosos. Trabajando en pequeños grupos en sus talleres, y a menudo trabajando en casa, ganan mucho más de lo que se gana en los grandes establecimientos industriales que emplean a centenares de obreros. El trabajo de ustedes es inteligente, artístico, no embrutece como el que se hace con máquinas. La destreza, la inteligencia de ustedes significan algo. Y, además, tienen mucho más tiempo libre y relativa libertad; por eso son más instruidos, más libres y más felices que los demás.

En las inmensas fábricas fundadas, dirigidas y explotadas por los grandes capitales, y donde son las máquinas, no los hombres, las que tienen el papel principal, los obreros se transforman necesariamente en miserables esclavos, tan miserables que muy frecuentemente se ven forzados a condenar a sus pobres hijitos, de apenas seis años de edad, a trabajar doce, catorce, dieciséis horas cada día por algunos miserables céntimos. Y no lo hacen por codicia, sino por necesidad. Sin eso, no serían capaces de mantener a sus familias.

Esta es la instrucción que pueden darles. No creo necesitar más palabras para demostrarles, estimados compañeros, a ustedes, que tan bien lo saben por su experiencia y que tan convencidos están ya de ello, que «mientras el pueblo no trabaje para sí mismo sino para enriquecer a los detentadores de la propiedad y del capital», la instrucción que puedan dar a sus hijos será siempre infinitamente inferior a la de los hijos de la clase burguesa.

Y esta es la gran y funesta desigualdad social que encontraremos necesariamente en la base de la organización de los Estados: una masa forzosamente ignorante y una minoría privilegiada que, si no es siempre muy inteligente, es, al menos comparativamente, muy instruida. La conclusión es fácil de deducir: la minoría instruida gobernará eternamente a las masas ignorantes.

No se trata solo de la desigualdad natural de los individuos; es una desigualdad a la que estamos obligados a resignarnos. Uno tiene una organización más perfecta que otro, uno nace con una facultad natural de inteligencia y de voluntad mayor que otro. Pero enseguida añado que estas diferencias no son de ningún modo tan grandes como se suele decir. Aun desde el punto de vista natural, los hombres son casi iguales, las cualidades y los defectos se compensan más o menos en cada uno. No hay más que dos excepciones a esta ley de igualdad natural: son los hombres de genio y los idiotas. Pero las excepciones no constituyen la regla y, en general, se puede decir que todos los seres humanos se valen, y que, si existen diferencias enormes entre los individuos en la sociedad actual, nacen de la desigualdad monstruosa de la educación y de la instrucción, y no de la naturaleza.

El niño dotado de las más grandes facultades, pero nacido en una familia pobre, en una familia de trabajadores que vive al día su ruda labor cotidiana, se ve condenado a la ignorancia que mata todas sus facultades naturales en lugar de desarrollarlas: será el trabajador, el obrero manual, el mantenedor y el alimentador forzoso de los burgueses que, por naturaleza, son mucho más torpes que él. El hijo del burgués, al contrario, el hijo del rico, por torpe que sea por naturaleza, recibirá la educación y la instrucción necesarias para desarrollar en lo posible sus pocas facultades: será un explotador del trabajo, el amo, el patrón, el legislador, el gobernante, un señor. Por tonto que sea, hará leyes para el pueblo, contra el pueblo, y gobernará sobre las masas populares.

En un Estado democrático, se dirá, el pueblo no elegirá más que a los buenos. Pero ¿cómo reconocerá a los buenos? No tiene ni la instrucción necesaria para juzgar al bueno y al malo, ni el tiempo necesario para aprender a conocer a los hombres que se proponen a su elección. Esos hombres, por lo demás, viven en una sociedad diferente de la suya. No vienen para quitarse el sombrero ante su majestad el pueblo soberano salvo cuando son las elecciones y, una vez elegidos, le vuelven la espalda. Por lo demás, por pertenecer a la clase privilegiada, a la clase explotadora, por excelentes que sean como miembros de sus familias y de la sociedad, serán siempre malos para el pueblo porque, muy naturalmente, querrán conservar los privilegios que constituyen la base de su existencia social y que condenan al pueblo a una esclavitud eterna.

Pero ¿por qué no podría enviar el pueblo a las asambleas legislativas y al Gobierno hombres suyos, hombres del pueblo? Primero, porque los hombres del pueblo, que deben vivir de la fuerza de sus brazos, no tienen tiempo de consagrarse exclusivamente a la política y, al no poder hacerlo, la mayoría de las veces ignorantes de las cuestiones económicas y políticas que se tratan en esas altas instancias, serán casi siempre víctimas de los abogados y de los políticos burgueses. Y, luego, porque bastará en la mayoría de los casos con que esos hombres del pueblo entren en el Gobierno para que se conviertan en burgueses a su vez, algunas veces más detestables y más desdeñosos del pueblo de donde salieron que los burgueses de nacimiento.

Vemos, por tanto, que la igualdad política, aun en los Estados más democráticos, es una mentira. Lo mismo pasa con la igualdad jurídica, con la igualdad ante la ley. La ley la hacen los burgueses para los burgueses, y los burgueses la ejercen contra el pueblo. El Estado y la ley que lo expresa no existen más que para eternizar la esclavitud del pueblo en beneficio de los burgueses.

Por lo demás, sabemos que cuando encontramos pisoteados nuestros intereses, nuestro honor, nuestros derechos, y queremos empezar un juicio, para hacerlo debemos demostrar primero que podemos pagar las costas, es decir, debemos depositar cierta suma. Y si no podemos depositarla, no podemos entablar pleito. Pero el pueblo, la mayoría de los trabajadores, ¿tienen sumas para depositar en el tribunal? La mayoría de las veces, no. Por tanto, el rico podrá atacarnos, insultarnos impunemente, porque no hay justicia para el pueblo.

Mientras no haya igualdad económica y social, mientras una minoría cualquiera pueda hacerse rica, propietaria, capitalista, no por el trabajo de cada uno, sino por la herencia, la igualdad política será una mentira. ¿Saben cuál es la verdadera definición de la propiedad hereditaria? Es la facultad hereditaria de explotar el trabajo colectivo del pueblo y de avasallar a las masas.

Esto es lo que ni los más grandes héroes de la Revolución de 1793, ni Danton, ni Robespierre, ni

Saint-Just, entendieron.[28] No querían más que la libertad y la igualdad políticas, no la económica ni la social. Y por eso la libertad y la igualdad fundadas por ellos constituyeron y asentaron en bases nuevas la dominación de los burgueses sobre el pueblo.

Creyeron enmascarar esa contradicción poniendo como tercer término de su fórmula revolucionaria la «fraternidad». ¡Otra mentira más! ¿Les pregunto si la fraternidad es posible entre los explotadores y los explotados, entre los opresores y los oprimidos? ¡Cómo! Les haré sudar y sufrir durante toda una jornada y, por la noche, cuando haya recogido el fruto de los sufrimientos y del sudor de ustedes, no dejándoles más que una mínima suma para que puedan vivir, es decir, sudar de nuevo y sufrir en mi beneficio también mañana, por la noche, les diré: ¡Abracémonos, somos hermanos!

Tal es la fraternidad de la Revolución burguesa.

Estimados amigos, también nosotros queremos la noble Libertad, la salvadora Igualdad y la santa Fraternidad. Pero queremos que estas bellas y grandes cosas dejen de ser ficciones, mentiras, y se conviertan en una verdad, en la realidad.

Tal es el sentido y el fin de lo que llamamos la Revolución social.

Puede resumirse en pocas palabras. Quiere y queremos que todo hombre que nazca en la tierra pueda llegar a ser un hombre en el sentido más completo de la palabra; que no solo tenga el derecho sino también los medios necesarios para desarrollar sus facultades y ser libre, feliz, en la igualdad y en la fraternidad. Esto es lo que queremos todos, y todos estamos dispuestos a morir para llegar a ese objetivo.

Les pido, amigos, una tercera y última sesión para exponerles completamente mi pensamiento.

Tercera conferencia

Estimados compañeros:

Les hablé la última vez de cómo la burguesía, sin ser completamente consciente —pero también, al menos en una cuarta parte, a sabiendas—, se sirvió del brazo poderoso del pueblo durante la gran Revolución de 1789-1793 para asentar su poder sobre las ruinas del mundo feudal. Desde entonces, se ha convertido en la clase dominante. Es erróneo suponer que fueron la nobleza emigrada y los sacerdotes los que dieron el golpe de Estado reaccionario de Termidor,[29] que derribó y mató a Robespierre y a Saint-Just, y que guillotinó y deportó a una multitud de sus partidarios. Sin duda, muchos de los miembros de estas dos órdenes caídas tomaron parte activa en la intriga, felices de ver caer a quienes los habían hecho temblar y les habían cortado la cabeza sin piedad. Pero ellos solos no hubieran podido hacerlo de ninguna manera. Desposeídos de sus bienes, fueron reducidos a la impotencia. Sucedió con la ayuda de parte de la clase burguesa enriquecida con la compra de los bienes nacionales, por los suministros de guerra y el uso de los fondos públicos, la parte que se aprovechó de la miseria pública y de la bancarrota para llenarse el bolsillo. Fueron esos virtuosos representantes de la moralidad y del orden público los principales instigadores de esa reacción. Estuvieron ardiente y poderosamente sostenidos por la masa de los tenderos, raza eternamente malhechora y cobarde que engaña y envenena al pueblo poco a poco vendiéndole mercancías adulteradas, y que tiene toda la ignorancia del pueblo sin tener la gran piedad que le es propia, toda la vanidad de la aristocracia burguesa sin tener los bolsillos llenos; cobarde durante las revoluciones, se vuelve feroz en la reacción. Para ella, no existen las ideas que hacen palpitar el corazón de las masas, los grandes principios, los grandes intereses de la humanidad. Ignora el patriotismo, o no conoce de él más que la vanidad o las fanfarronadas. No hay un sentimiento que pueda arrancarla de las preocupaciones mercantiles, de las miserables inquietudes del día. Todos vieron, y los hombres de todos los partidos nos lo confirmaron, que durante el terrible asedio de París, mientras el pueblo luchaba y mientras la clase de los ricos intrigaba y preparaba la traición que entregó París a los prusianos, mientras el proletariado generoso, las mujeres y los niños del pueblo estaban hambrientos, los tenderos no tuvieron más que una única preocupación: vender sus mercancías, sus productos alimenticios, los objetos más necesarios a la subsistencia del pueblo, al más alto precio posible.

Los tenderos de todas las ciudades de Francia hicieron lo mismo. En las ciudades invadidas por los prusianos, les abrieron las puertas. En las ciudades no invadidas, se preparaban para abrirlas; paralizaron la defensa nacional y, allí donde pudieron, se opusieron a la sublevación y al armamento del pueblo, que era lo único que podía salvar a Francia. Los tenderos en las ciudades, lo mismo que los campesinos en los campos, constituyen hoy el ejército de la reacción. Los campesinos podrán y deberán ser convertidos a la revolución, pero los tenderos nunca.

Durante la gran Revolución, la burguesía se dividió en dos categorías, de las cuales una, que constituía la ínfima minoría, era la burguesía revolucionaria, conocida bajo el nombre genérico de jacobinos.[30] No hay que confundir a los jacobinos de hoy con los de 1793. Los de hoy no son más que pálidos fantasmas y ridículos seres mezquinos, caricaturas de los héroes del siglo pasado. Los jacobinos de 1793 eran grandes hombres, tenían el fuego sagrado de la creación, el culto a la justicia, a la libertad y a la igualdad. No fue culpa suya si no entendieron mejor ciertas palabras que resumen todavía hoy nuestras aspiraciones. No consideraron más que el aspecto político, no el sentido económico y social. Pero, lo repito, no fue culpa suya, como no es mérito nuestro el comprenderlas hoy. Es la culpa y el mérito del tiempo. La humanidad se desarrolla lentamente, demasiado lentamente, ¡infelizmente!, y solo por una sucesión de errores y de faltas, y de crueles experiencias sobre todo, que son siempre su consecuencia necesaria, es como los hombres conquistan la verdad. Los jacobinos de 1793 fueron hombres de buena fe, hombres inspirados por la idea, entregados a la idea. ¡Fueron héroes! Si no lo hubieran sido, si no hubieran tenido aquella santa y gran sinceridad, no habrían cumplido los grandes actos de la revolución. Podemos y debemos combatir los errores teóricos de los Danton, de los Robespierre, de los Saint-Just, pero al combatir sus ideas falsas, estrechas, exclusivamente burguesas en economía social, debemos inclinarnos ante su potencia revolucionaria. Fueron los últimos héroes de la clase burguesa, en otro tiempo tan fecunda en ellos.

Fuera de esta minoría heroica, existía la masa de la burguesía, materialmente explotadora, y para la cual las ideas, los principios fundamentales de la revolución, solo eran palabras que tenían valor y sentido únicamente cuando [esa masa burguesa] podía servirse de ellos para llenar sus tan grandes y tan respetables bolsillos. Una vez que los más ricos —y, por consiguiente, también los más influyentes entre ellos— se llenaron suficientemente los bolsillos con el proceso y las consecuencias de la Revolución, consideraron que esta ya había durado demasiado, que era tiempo de acabar y de restablecer el reino de la ley y del orden público.

Derribaron el Comité de Salvación Pública, ejecutaron a Robespierre, a Saint-Just y a sus amigos, y establecieron el Directorio, que fue una verdadera encarnación de la depravación burguesa al final del siglo pasado, el triunfo y el reino del oro, adquirido por el robo y acumulado en los bolsillos de unos pocos miles de individuos.

Pero Francia, que no había tenido tiempo aún de corromperse y que palpitaba con los grandes hechos de la Revolución, no pudo soportar mucho tiempo ese régimen. Protestó dos veces; en una fracasó y en otra triunfó. Si hubiera triunfado en la primera, si hubiera podido vencer, habría salvado a Francia y al mundo. El triunfo en la segunda inauguró el despotismo de los reyes y la esclavitud de los pueblos. Quiero hablar de la insurrección de Babeuf[31] y de la usurpación del primer Bonaparte.

La insurrección de Babeuf fue la última tentativa revolucionaria del siglo pasado. Babeuf y sus camaradas habían sido más o menos amigos de Robespierre y de Saint-Just. Fueron jacobinos socialistas. Rendían culto a la igualdad, aun en detrimento de la libertad. Su plan fue muy sencillo: expropiar a todos los propietarios y a todos los detentadores de instrumentos de trabajo y de otros capitales en beneficio del Estado republicano, democrático y social, de modo que el Estado, convertido en el único propietario de todas las riquezas, tanto mobiliarias como inmobiliarias, se transformase en el único empleador, en el único patrono de la sociedad. Provisto al mismo tiempo de la omnipotencia política, se apoderaría exclusivamente de la educación y de la instrucción iguales para todos los niños, y obligaría a todos los individuos mayores de edad a trabajar y a vivir según la igualdad y la justicia. Toda autonomía comunal, toda iniciativa individual, toda libertad, en una palabra, desaparecía aplastada por ese poder formidable. La sociedad entera no debía presentar más que el cuadro de una uniformidad monótona y forzada. El Gobierno se elegiría por sufragio universal, pero una vez elegido, y mientras quedase en funciones, ejercería sobre todos los miembros de la sociedad un poder absoluto.[32]

La teoría de la igualdad establecida por el poder del Estado no fue un invento de Babeuf. Los primeros fundamentos de esta teoría los había elaborado Platón, varios siglos antes de Cristo, en *La República,* obra en la que aquel gran pensador de la Antigüedad trató de esbozar el cuadro de una sociedad igualitaria. Los primeros cristianos ejercieron indudablemente un comunismo práctico en sus asambleas, perseguidas por la sociedad oficial. Finalmente, al comienzo de la revolución religiosa, en el primer cuarto del siglo XVI, en Alemania, Thomas Müntzer[33] y sus discípulos hicieron una primera tentativa para establecer la igualdad social sobre una base muy amplia. La conspiración de Babeuf fue la segunda manifestación práctica de la idea igualitaria en las masas. Todas estas tentativas, sin exceptuar la última, estaban abocadas al fracaso por dos motivos: primero, porque las masas no se habían desarrollado lo suficiente como para hacer posible que triunfasen; y luego (y sobre todo) porque, en todos estos sistemas, la igualdad se asociaba a la potencia, a la autoridad del Estado, y por consiguiente excluía la libertad. Y nosotros sabemos, estimados amigos, que la igualdad solo es posible con la libertad y por la libertad: no por esa libertad exclusiva de los burgueses que se funda en la esclavitud de las masas y que no es la libertad, sino el privilegio. Se funda por esa libertad universal de los seres humanos que eleva a cada cual a la dignidad de hombre. Pero sabemos también que esa libertad solo es posible en la igualdad. Rebelión no solo teórica, sino práctica, contra todas las instituciones y contra todas las relaciones sociales creadas por la desigualdad; después, establecimiento de la igualdad económica y social por la libertad de todos: tal es nuestro programa actual, el que debe triunfar a pesar de los Bismarck, Napoleón, Thiers, y a pesar de todos los cosacos de mi augusto emperador el zar de todas las Rusias.

La conspiración de Babeuf había reunido en su seno a cuantos habían quedado, después de las ejecuciones y las deportaciones del golpe de Estado reaccionario de Termidor, de los partidarios de la revolución en París y, necesariamente, a muchos obreros. Fracasó; muchos[34] fueron guillotinados, pero varios tuvieron la suerte de escaparse. Entre ellos, el ciudadano Filippo Buonarroti,[35] un hombre férreo, un carácter antiguo, tan respetable que supo hacerse respetar por los hombres de los partidos más opuestos. Vivió mucho tiempo en Bélgica, donde fue el principal fundador de la sociedad secreta de los carbonarios comunistas.[36] Y en un libro que se ha hecho ya muy raro hoy, pero que trataré de enviar a nuestro amigo Adhémar,[37] contó esa lúgubre historia, la última protesta heroica de la revolución contra la reacción, conocida bajo el nombre de conspiración de Babeuf.

La otra protesta de la sociedad contra la corrupción burguesa que había tomado el Poder bajo el nombre de Directorio fue, como dije, la usurpación del primer Bonaparte.[38]

Esta historia, mil veces más lúgubre todavía, la conocen todos ustedes. Fue la primera inauguración del régimen infame y brutal del sable, el primer bofetón en las mejillas de la humanidad al comienzo de este siglo, asestado por un advenedizo insolente. Napoleón I se convirtió en el héroe de todos los déspotas, al mismo tiempo que fue militarmente su terror. Tras ser vencido, les dejó su funesta herencia, su infame principio: el desprecio a la humanidad y su opresión por medio del sable.

No les hablaré de la Restauración.[39] Fue una tentativa ridícula de dar la vida y el poder político a dos cuerpos tarados y decaídos: la nobleza y el clero. Solo hubo bajo la Restauración un hecho notable: atacada, amenazado el poder que creyó haber conquistado para siempre, la burguesía volvió a ser casi revolucionaria. Enemiga del orden público en cuanto ese orden público no es el suyo, es decir, cuando establece y garantiza otros intereses que no son los suyos, conspiró de nuevo. Los señores Guizot, Perrier, Thiers[40] y tantos otros, que bajo [el rey]

Luis Felipe se distinguieron como los más fanáticos partidarios y defensores de un Gobierno opresivo, corruptor pero burgués y, por consiguiente, perfecto a sus ojos, todas esas almas corrompidas de la reacción burguesa conspiraron bajo la Restauración. Triunfaron en julio de 1830, y se inauguró el reino del «liberalismo burgués».

La fecha de 1830 señala verdaderamente la dominación exclusiva de los intereses y de la política burguesa en Europa, sobre todo en Francia, Inglaterra, Bélgica, Holanda y Suiza. En otros países como Alemania, Dinamarca, Suecia, Italia, España y Portugal, los intereses de la burguesía habían prevalecido sobre todos los demás, pero no el gobierno político de los burgueses. No hablo de ese grande y miserable Imperio de todas las Rusias, sometido aún al despotismo de los zares y que no tiene realmente una clase política intermedia ni cuerpo político burgués, donde solo hay, en efecto, un mundo oficial; por un lado, una organización militar, policial y burocrática para satisfacer los caprichos del zar, y por el otro el pueblo, las decenas de millones de seres humanos devorados por el zar y sus funcionarios. En Rusia, la revolución vendrá directamente del pueblo, como demostré sobradamente en un discurso bastante largo que pronuncié hace algunos años en Berna[41] y que me apresuraré a enviarles. No hablo tampoco de la desgraciada y heroica Polonia que se debate, siempre sofocada pero nunca muerta, bajo las garras de tres águilas infames: la del Imperio ruso, la del Imperio austriaco y la del nuevo Imperio alemán, representado por Prusia. En Polonia, como en Rusia, no hay verdaderamente clase media: por un lado está la nobleza, burocracia hereditaria esclava del zar de Rusia, en otro tiempo dominante y hoy desorganizada y decadente en el país; y, por otro lado, el campesino siervo, devorado, aplastado ahora no por la nobleza, que perdió el poder, sino por el Estado, por sus innumerables funcionarios, por el zar. No les hablaré tampoco de los pequeños países como Suecia y Dinamarca, que se hicieron realmente constitucionales después de 1848 y se quedaron más o menos apartados del desarrollo general de Europa. No les hablaré de España ni de Portugal, donde el movimiento industrial y la política burguesa fueron paralizados mucho tiempo por la doble potencia del clero y del ejército. Sin embargo, debo observar que España, que nos parecía tan atrasada, nos presenta hoy una de las más magníficas secciones de la Asociación Internacional de Trabajadores existentes en el mundo.[42]

Me detendré un instante en Alemania. Desde 1830, nos ha presentado y aún nos presenta el cuadro extraño de un país donde predominan los intereses de la burguesía, pero en el que la potencia política no pertenece a esta, sino a la monarquía absoluta bajo una máscara de constitucionalismo, organizada militar y burocráticamente y servida, en exclusiva, por los nobles.

En Francia, en Inglaterra, en Bélgica sobre todo, debemos estudiar el reinado de la burguesía. Después de la unificación de Italia bajo el cetro de Víctor Manuel, puede estudiarse también allí. Pero en ninguna parte se ha caracterizado tan plenamente como en Francia; por eso es en este país donde lo vamos a considerar principalmente.

Desde 1830, el principio burgués ha tenido la total libertad de manifestarse en la literatura, la política y la economía social. Se puede resumir en una sola palabra: «individualismo».

Entiendo por individualismo esa tendencia que, por considerar toda la sociedad, la masa de los individuos, como otros tantos indiferentes, rivales, competidores, enemigos naturales, en una palabra, aquellos con quienes cada uno está obligado a vivir, pero que obstruyen el camino de cada uno, impulsa al individuo a conquistar y a establecer su propio bienestar, su prosperidad, su dicha, contra todo el mundo, en detrimento y a espaldas de todos los demás. Es una carrera de velocidad, un «¡sálvese quien pueda!» general en el que cada cual trata de llegar el primero.

¡Ay de los débiles que se detienen: serán adelantados! ¡Ay de los que, agotados por el cansancio, caen en el camino: serán inmediatamente aplastados! La competencia no tiene corazón, no tiene piedad. ¡Ay de los vencidos! En esa lucha, necesariamente, deben cometerse muchos crímenes. Toda esa batalla fratricida, por lo demás, solo es un crimen continuo contra la solidaridad humana, base única de toda moral. El Estado que, dicen, es el representante y el vengador de la justicia, no impide la perpetración de estos crímenes; al contrario, los perpetúa y los legaliza. Lo que representa, lo que defiende, no es la justicia humana, es la justicia jurídica, que no es otra cosa que la consagración del triunfo de los fuertes sobre los débiles, de los ricos sobre los pobres. El Estado solo exige una cosa: que todos esos crímenes se cumplan legalmente. Yo puedo arruinarlos, aplastarlos, matarlos, pero debo hacerlo acatando las leyes. De otro modo, soy declarado criminal y tratado como uno de estos. Tal es el sentido de este principio, de esta palabra: el individualismo.

Ahora, veamos cómo se ha manifestado ese principio en la literatura, en la literatura creada por los Victor Hugo, los Dumas, los Balzac, los Jules Janin y tantos otros autores de libros y de artículos en periódicos burgueses que, desde 1830, han inundado Europa, llevando la depravación y despertando el egoísmo en los corazones de los jóvenes de ambos sexos y, desgraciadamente, también del pueblo. Tomemos cualquier novela: al lado de los grandes y falsos sentimientos, de las bonitas frases, ¿qué encontramos? Siempre lo mismo. Un joven es pobre, oscuro, desconocido; está devorado por toda suerte de ambiciones y apetitos. Quisiera vivir en un palacio, comer trufas, beber champán, viajar en una carroza y acostarse con alguna bella marquesa. Lo consigue a fuerza de esfuerzos heroicos y aventuras extraordinarias, mientras que los demás sucumben. He ahí el héroe: ese es el individualismo puro.

Veamos la política. ¿Cómo se expresa en ella este principio? Las masas, se dice, tienen necesidad de ser dirigidas, gobernadas; son incapaces de prescindir de gobierno, como son igualmente incapaces de gobernarse a sí mismas. ¿Quién las gobernará? No hay ya privilegio de clase. Todos tienen el derecho de ascender a las más altas posiciones y funciones sociales. Pero, para lograrlas, es preciso ser inteligente, hábil; es preciso ser fuerte y dichoso; es preciso saber y ser capaz de sobreponerse a todos los rivales. Es, de nuevo, una carrera de velocidad: serán los individuos hábiles y fuertes los que gobernarán, los que esquilmarán a las masas.

Consideremos ahora ese mismo principio en la cuestión económica que, en el fondo, es la principal;

incluso podría decirse que es la única cuestión. Los economistas burgueses nos dicen que son partidarios de la libertad ilimitada de los individuos y que la competencia es la condición de la libertad. Pero, veamos, ¿qué es la libertad de la que hablan? Y, antes, una primera pregunta: ¿es el trabajo individual, aislado, el que produjo y aún produce todas estas riquezas maravillosas de las que se glorifica nuestro siglo? Sabemos muy bien que no. El trabajo aislado de los individuos apenas sería capaz de alimentar y vestir a un pueblecito de salvajes; una gran nación no se hace rica y no puede subsistir más que gracias al trabajo colectivo, organizado de modo solidario. Siendo colectivo el trabajo para la producción de las riquezas, parecería lógico —¿verdad?— que el goce de esas riquezas debiera serlo también. Pues bien: eso es lo que no quiere, lo que rechaza con odio la economía burguesa. Quiere el disfrute aislado de los individuos. Pero ¿de qué individuos? ¿De todos? ¡No, en absoluto! Quiere el disfrute de los fuertes, inteligentes, hábiles, dichosos. ¡Ah, sí, de los dichosos, sobre todo! Porque en su organización social, y conforme a la ley de herencia, que es su fundamento principal, nace una minoría de individuos más o menos ricos, felices, y millones de seres humanos desheredados, desgraciados. Después, la sociedad burguesa dice a todos estos individuos: luchen, compitan por el premio, el bienestar, la riqueza, el poder político. Los vencedores serán felices. ¿Hay igualdad al menos en esta lucha fratricida? No, de ningún modo. Algunos, unos pocos, van armados con las mejores armas, fortalecidos por la instrucción y por la riqueza heredadas, y los millones de hombres del pueblo se presentan ante la vida casi desnudos, con la ignorancia y la miseria igualmente heredadas. ¿Cuál es el resultado necesario de esa competencia supuestamente libre? El pueblo sucumbe, la burguesía triunfa y el proletario encadenado está obligado a trabajar como un galeote para su eterno vencedor: el burgués.

El burgués está provisto principalmente de un arma contra la cual el proletariado quedará siempre sin posibilidad de defensa, mientras esa arma, el capital —que se transformó en todos los países civilizados en el agente principal de la producción industrial—, mientras ese proveedor del trabajo se dirijan contra él.

El capital, tal como está constituido y se lo han apropiado hoy, no aplasta solo al proletariado: agobia, expropia y reduce a la miseria a una inmensa cantidad de burgueses. La causa de este fenómeno, y que la pequeña y mediana burguesía no comprenden bastante, que ignoran, es, sin embargo, muy sencilla. Como resultado de la competencia, de esa lucha a muerte que reina hoy en el comercio y en la industria gracias a la libertad conquistada por el pueblo en beneficio de los burgueses, todos los fabricantes están obligados a vender sus productos o, más bien, los productos de los trabajadores que emplean, que explotan, al más bajo precio posible. Ustedes lo saben por experiencia: los productos caros se ven hoy cada vez más excluidos del mercado por los productos baratos, aunque estos últimos sean mucho menos perfectos que los primeros. Esta es, por tanto, una primera consecuencia funesta de la competencia, de la lucha intestina en la producción burguesa. Tiende necesariamente a reemplazar los buenos productos por productos mediocres. Disminuye al mismo tiempo la calidad de los productos y la de los productores.

En la competencia, en la lucha por el precio más bajo, los grandes capitales deben aplastar necesariamente a los pequeños, los burgueses importantes han de arruinar a los pequeños burgueses. Una inmensa fábrica puede confeccionar naturalmente sus productos y darlos más baratos que una fábrica pequeña o mediana. La instalación de una gran fábrica exige, por supuesto, un cuantioso capital, pero, proporcionalmente a lo que puede producir, cuesta menos que una fábrica reducida: cien mil francos son más que diez mil, pero cien mil francos empleados en una fábrica darán el 20%, el 30%; mientras que los diez mil francos empleados de la misma manera no darán más que un 10%.[43] El gran fabricante ahorra en la construcción, en las materias primas, en las máquinas; al emplear muchos menos trabajadores que el fabricante pequeño o mediano, ahorra también, o gana, por una organización mejor y por una mayor división del trabajo. En una palabra, con cien mil francos concentrados en sus manos, y empleados en la fundación y en la organización de una fábrica única, produce mucho más que diez fabricantes que empleen cada uno diez mil francos; de manera que si cada uno de estos últimos realiza, sobre los diez mil francos que emplea, un beneficio neto de dos mil francos, por ejemplo, el fabricante que crea y que organiza una gran fábrica que le cuesta cien mil francos, gana, por cada diez mil francos, cinco mil o seis mil, es decir, que produce cinco o seis veces más mercancías. Al producir proporcionalmente mucho más, puede vender naturalmente sus productos mucho más baratos que los pequeños fabricantes; pero, al venderlos más baratos, obliga igualmente a los pequeños y medianos fabricantes a bajar sus precios, porque si no lo hacen, sus productos no se venderán. Pero como la producción de esos productos les resulta mucho más cara que al gran fabricante, al venderlos al precio fijado por este, se arruinan. Así es como los grandes capitales matan a los pequeños, y si los grandes capitales se encuentran con otros mayores aún, son aplastados a su vez.

Esto es tan cierto que hoy existe en los grandes capitalistas una tendencia ostensible a asociarse para constituir capitales monstruosamente formidables. La explotación del comercio y de la industria por las sociedades anónimas comienza a reemplazar, en los países más industriosos, en Inglaterra, en Bélgica y en Francia, a la explotación de los grandes capitalistas aislados. Y a medida que la civilización, que la riqueza nacional de los países más avanzados aumenta, crece la riqueza de los grandes capitalistas, pero disminuye el número de estos. Una masa de burgueses medianos se ve rechazada hacia la pequeña burguesía, y una multitud aún mayor de pequeños burgueses se ve inexorablemente empujada hacia el proletariado, hacia la miseria.

Es un hecho incontestable, comprobado por la estadística en todos los países, igual que por la demostración más exactamente matemática. En la organización económica de la sociedad actual, este empobrecimiento gradual de la mayor parte de la burguesía en beneficio de un número restringido de monstruosos capitalistas es una ley inexorable, contra la cual no hay otro remedio que la revolución social. Si la pequeña burguesía tuviese bastante inteligencia y buen sentido para comprenderlo, se habría asociado desde hace mucho con el proletariado para realizar esa revolución. Pero la pequeña burguesía es generalmente muy tonta; la necia vanidad y el egoísmo de los que hace gala le cierran el espíritu. No ve nada, no comprende nada y, aplastada de una parte por la gran burguesía, amenazada de otra por ese proletariado al que desprecia tanto como detesta y teme, se deja arrastrar estúpidamente al abismo.

Las consecuencias de esta competencia burguesa son desastrosas para el proletariado. Forzados a vender sus productos —o más bien los productos de los trabajadores que explotan al menor precio posible—, los fabricantes deben pagar necesariamente a sus obreros los salarios más bajos. Por consiguiente, ya no pueden pagar el talento, el genio de sus obreros. Deben buscar el trabajo que se vende, que está obligado a venderse en el mercado al menor precio. Las mujeres y los niños se contentan con un salario más exiguo, los fabricantes prefieren emplear niños y mujeres antes que hombres, y prefieren los trabajadores mediocres a los trabajadores diestros, excepto si estos se contentan con el salario de los trabajadores torpes, de los niños y de las mujeres. Todos los economistas burgueses demostraron y reconocieron que la medida del salario del obrero está siempre determinada por el precio de su mantenimiento diario. Así, si un obrero pudiera vestirse, alimentarse, alojarse por un franco diario, su salario caería muy pronto a un franco. Y esto por una razón muy sencilla: los obreros, presionados por el hambre, están obligados a hacerse la competencia entre sí, y el fabricante, impaciente por enriquecerse cuanto antes por la explotación del trabajo de aquellos, y forzado por otra parte por la competencia burguesa a vender sus productos al precio más bajo, tomará naturalmente a los obreros que le ofrezcan, por el menor salario, más horas de trabajo.

No es solo una deducción lógica: es un hecho que sucede diariamente en Inglaterra, en Francia, Bélgica, Alemania, y en las partes de Suiza donde se ha desarrollado la gran industria, la industria explotada en las grandes fábricas por los grandes capitales. En mi conferencia anterior les dije que ustedes son obreros privilegiados. Aunque están lejos aún de recibir integralmente en el salario todo el valor de su producción diaria, aunque son incontestablemente explotados por sus patronos, en comparación con los obreros de las grandes plantas industriales están bastante bien pagados, tienen momentos de ocio, son libres, son dichosos. Y reconozco enseguida que tienen un gran mérito por haber ingresado en la Internacional y ser miembros dedicados y serios de esa inmensa asociación obrera que debe emancipar a los trabajadores del mundo entero. Es noble, es generoso por su parte. Demuestran que no piensan solo en ustedes mismos, sino en los millones de hermanos que están mucho más oprimidos y que son mucho más desdichados que ustedes. Con satisfacción los felicito y reconozco su valor.

Pero al mismo tiempo que dan prueba de generosa y de fraternal solidaridad, déjenme decirles que demuestran también previsión y prudencia. No lo hacen solo por sus desgraciados hermanos de las otras industrias y de los otros países, sino también y, si no completamente por ustedes mismos, al menos por sus hijos. Ustedes están no totalmente, sino relativamente bien retribuidos; son libres, dichosos. ¿Por qué? Por la simple razón de que el gran capital no ha invadido aún su industria. Pero no crean ni por un momento que será siempre así. El gran capital, por una ley que le es inherente, está fatalmente impulsado a invadirlo todo. Ha comenzado, naturalmente, por explotar las ramas del comercio y la industria que le prometieron mayores ventajas, aquellas cuya explotación era más fácil, y necesariamente, después de haberlas explotado lo bastante y dada la competencia que se hace a sí mismo en esa explotación, acabará por fijarse en las ramas que no había tocado hasta entonces. ¿No se hacen ya vestidos, botas, encajes a máquina? Créanlo: tarde o temprano, y más temprano que tarde, se harán también relojes a máquina. Los muelles, los escapes, las cajas, las tapas, el pulimento, el *guilloché,* el grabado se harán a máquina. Los productos no serán tan perfectos como los que salen de sus diestras manos, pero costarán mucho menos y se venderán mucho más que sus productos más perfectos, que acabarán por ser excluidos del mercado. Y, entonces, si no ustedes, sus hijos se encontrarán tan esclavos, tan miserables como lo son los obreros de las grandes fábricas de hoy. Ven, por tanto, que al trabajar por sus hermanos, los desdichados obreros de otras industrias y de otros países, trabajan también para sí mismos o, al menos, por sus hijos.

Trabajan para el bien de la humanidad. La clase obrera se ha convertido hoy en la única representante de la grande, de la santa causa de la humanidad. El porvenir pertenece hoy a los trabajadores: a los trabajadores de los campos, a los trabajadores de las fábricas y de las ciudades. Todas las clases que están por encima de ustedes, las eternas explotadoras del trabajo de las masas populares —la nobleza, el clero, la burguesía y los miles de funcionarios militares y civiles que representan la iniquidad y la potencia malhechora del Estado—, son clases corrompidas, enfermas en su impotencia, incapaces en lo sucesivo de comprender y de querer el bien, y poderosas solo para el mal.

El clero y la nobleza fueron desenmascarados y derrotados en 1793. La Revolución de 1848 desenmascaró y reveló la impotencia y la maldad de la burguesía. Durante las jornadas de junio, en 1848, la clase burguesa renunció claramente a la religión de sus padres, a esa religión revolucionaria que había tenido la libertad, la igualdad y la fraternidad por principio y por base.[44] Tan pronto como el pueblo tomó en serio la igualdad y la libertad, la burguesía, que solo existe por la explotación, es decir, por la desigualdad económica y por la esclavitud social del pueblo, se arrinconó en la reacción.

Los mismos traidores que quieren perder hoy una vez más a Francia, los Thiers,[45] los Jules Favre[46] y la inmensa mayoría de la Asamblea Nacional en 1848, trabajaron por el triunfo de la más inmunda reacción, como lo siguen haciendo hoy. Empezaron por destruir el sufragio universal y más tarde llevaron a la presidencia a Luis Bonaparte.[47] El temor a la revolución social, el horror a la igualdad, el sentimiento de sus crímenes y el miedo a la justicia popular habían empujado a toda esa clase decadente, antes tan inteligente y tan heroica, hoy tan estúpida y tan cobarde, a los brazos de la dictadura de Napoleón III. Y tuvieron dictadura militar durante dieciocho años seguidos. No hay que creer que los señores burgueses pasaron un mal momento. Entre ellos, los que quisieron ser rebeldes y jugar al liberalismo de una manera demasiado ruidosa e incómoda para el régimen imperial fueron obviamente apartados, reprimidos. Pero todos los demás, los que dejaron las cháchaRas políticas al pueblo y se entregaron exclusivamente, seriamente al gran negocio de la burguesía, a la explotación del pueblo, fueron poderosamente protegidos y alentados. Hasta se les dio, para salvar el honor, todas las apariencias de la libertad. ¿Acaso no existía bajo el Imperio una asamblea legislativa elegida regularmente por sufragio universal?[48] Por lo tanto, todo fue bien según los deseos de la burguesía. No hubo más que un punto negativo. Fue la ambición conquistadora del soberano, que empujó a Francia forzosamente a gastos ruinosos y acabó por aniquilar su antigua potencia. Pero ese punto negativo no era un accidente, era una necesidad del sistema. Un régimen despótico, absolutista, aunque tenga apariencias de libertad, debe necesariamente apoyarse en un fuerte ejército, y todo gran ejército permanente convierte, tarde o temprano, en necesaria la guerra exterior, porque la jerarquía militar tiene por inspiración principal la ambición. Cualquier teniente quiere ser coronel, y todo coronel quiere llegar a ser general. En cuanto a los soldados, sistemáticamente desmoralizados en el cuartel, sueñan con los nobles placeres de la guerra: la matanza, el saqueo, el robo, la violación. Como prueba, las hazañas del ejército prusiano en Francia. Pues bien, si todas esas nobles pasiones, sabia y sistemáticamente alimentadas en el corazón de los oficiales y de los soldados, permanecen mucho tiempo sin satisfacción alguna, se agudizan y crean descontento en el ejército, y del descontento se llega a la rebelión. Por tanto, se hace necesaria la guerra. Todas las expediciones y las guerras emprendidas por Napoleón III no fueron, por consiguiente, caprichos personales, como afirman hoy los señores burgueses. Fueron una necesidad del sistema imperial despótico que habían fundado ellos mismos por temor a la revolución social.[49] Son las clases privilegiadas, es el clero alto y bajo, es la nobleza venida a menos, es, en fin y sobre todo, esa respetable, honesta y virtuosa burguesía la que, como todas las demás clases, y más que Napoleón III, causa las terribles desgracias que acaban de afectar a Francia.

Y lo vieron ustedes, compañeros: para defender a la desgraciada Francia, no se encontró en el país más que una sola masa, la masa de los obreros de las ciudades, aquella precisamente que fue traicionada y entregada por la burguesía al Imperio y sacrificada por el Imperio a la explotación burguesa. En todo el país, solo los generosos trabajadores de las fábricas y de las ciudades quisieron la sublevación popular para la salvación de Francia. Los trabajadores de los campos, los campesinos, desmoralizados, embrutecidos por la educación religiosa que se les dio a partir del primer Napoleón hasta hoy, tomaron el partido de los prusianos y de la reacción contra Francia. Se hubiera podido revolucionarlos. En un folleto que muchos de ustedes leyeron, intitulado *Cartas a un francés [sobre la situación actual]*, expuse los medios que era preciso emplear para empujarlos hacia la revolución. Pero, para hacerlo, era necesario primero que las ciudades se sublevaran y se organizaran de manera revolucionaria. Los obreros lo quisieron; hasta lo intentaron en muchas ciudades del Midi, en Lyon, Marsella, Montpellier, Saint-Étienne, Toulouse. Pero en todas partes fueron reprimidos y paralizados por los burgueses «radicales» en nombre de la República. Sí, en nombre de la República, los burgueses, convertidos en republicanos por miedo al pueblo, en nombre de la República como los Gambetta, ese viejo pecador Jules Favre, y Thiers, ese infame zorro, y todos esos Picard,[50] Ferry,[51] Jules Simon,[52] Pelletan[53] y tantos otros…, en nombre de la república asesinaron a la República y a Francia.

La burguesía fue juzgada. Ella, que es la clase más rica y más numerosa de Francia, exceptuando la masa popular, sin duda, si hubiese querido, habría podido salvar a Francia. Pero para eso habría tenido que sacrificar el dinero, arriesgar la vida y apoyarse francamente en el proletariado, como lo hicieron sus antepasados burgueses de 1793. Al final, no quiso sacrificar el dinero y menos aún la vida, y prefirió que los prusianos conquistasen Francia a que la salvase la revolución popular.

La cuestión entre los obreros de las ciudades y la burguesía se planteó de forma bastante clara. Los obreros dijeron: antes volaremos las casas que entregar las ciudades a los prusianos. Los burgueses respondieron: abriremos las puertas de las ciudades a los prusianos antes que permitir los desórdenes públicos, y conservaremos nuestras queridas casas a cualquier precio, aunque tengamos que besar el culo de los señores prusianos.

Y observen que hoy esos mismos burgueses se atreven a insultar a la Comuna de París, esa noble Comuna que salva el honor de Francia y, esperémoslo, la libertad del mundo al mismo tiempo. Esos burgueses la insultan hoy. ¿En nombre de qué? «¡En nombre del patriotismo!».

¡Verdaderamente, los burgueses tienen una desfachatez enorme! Han llegado a un grado de infamia que les ha hecho perder hasta el más mínimo pudor. Desconocen la vergüenza. Antes de estar muertos están ya completamente podridos.

Y no es solo en Francia, compañeros, donde la burguesía está podrida, moral e intelectualmente aniquilada; ocurre lo mismo en todas partes en Europa, y en todos los países de Europa solo el proletariado ha conservado el fuego sagrado [de la revolución]. Solo él lleva hoy la bandera de la humanidad.

¿Cuál es su lema, su moral, su principio? La «solidaridad». Todos para uno y uno para todos y por todos. Este es el lema y el principio de nuestra gran Asociación Internacional que, franqueando las fronteras de los Estados, tiende a unir a los trabajadores del mundo entero en una única familia humana, sobre la base del trabajo obligatorio igual para todos y en nombre de la libertad de todos y de cada uno. La solidaridad en la economía social se llama trabajo y propiedad colectivos; en política se llama destrucción de los Estados y libertad de cada uno para la libertad de todos.

Sí, estimados compañeros, ustedes, los obreros, solidariamente con sus hermanos del mundo entero, heredan solos hoy la gran misión de la emancipación de la humanidad. Tienen un coheredero, trabajador como ustedes, aunque en condiciones distintas. Es el campesino. Pero el campesino no tiene aún la conciencia de la gran misión popular. Fue envenenado, sigue todavía envenenado por los sacerdotes, y sirve contra sí mismo de instrumento a la reacción. Deben instruirlo, deben salvarlo incluso a su pesar, atrayéndolo, explicándole lo que es la revolución social.

En este momento, y con mayor motivo al principio, los obreros de la industria no deben, no pueden contar más que con sí mismos. Serán todopoderosos si lo quieren, pero deben quererlo de verdad. Y para realizar esa voluntad solo tienen dos medios. Establecer, primero en sus grupos y luego en los demás, una verdadera solidaridad fraternal, no solo de palabra, sino también en la acción; no solo para los días de fiesta, de discurso y de bebida, sino en la vida cotidiana. Cada miembro de la Internacional debe poder sentir, debe estar prácticamente convencido de que todos los miembros son sus hermanos.

El otro medio es la organización revolucionaria, la organización para la acción.[54] Si las sublevaciones populares en Lyon, Marsella y otras ciudades de Francia fracasaron fue porque no había organización. Puedo hablar, conozco profundamente esta realidad, puesto que estuve dentro y la sufrí. Y si la Comuna de París se mantiene valientemente hoy es porque, durante todo el asedio, los obreros se han organizado seriamente. No sin razón los periódicos burgueses acusan a la Internacional de haber provocado esa sublevación magnífica de París. Sí, digámoslo con orgullo, son nuestros hermanos internacionales los que, por su trabajo perseverante, han organizado al pueblo y han hecho posible la Comuna.

Seamos, pues, buenos hermanos, compañeros, y organicémonos. No crean ustedes que estamos en el fin de la revolución: estamos en su comienzo. La revolución está, desde ahora, en el orden del día, y lo estará durante muchos años. Vendrá a nuestro encuentro, tarde o temprano. Por tanto, preparémonos, purifiquémonos, hagámonos más realistas, menos charlatanes, gritemos menos, disertemos menos, bebamos menos, vayamos menos de juerga. Cerremos filas[55] y preparémonos dignamente para esta lucha que debe salvar a todos los pueblos y emancipar finalmente a la humanidad.

¡Viva la revolución social! ¡Viva la Comuna de París!

Notas

[1]   Nos referimos al libro de M. Bakunin, *La revolución social en Francia II,* Á. Cappelletti y M. Nettlau (eds.), Júcar, Madrid, 1980. Las tres conferencias aparecen también en el tomo 1 de las *Obras completas,* La Piqueta, Madrid, 1977, con prefacio de Sam Dolgoff y prólogo de Max Nettlau. Estas notas son del editor, excepto algunas, que son del traductor y se marcan como *(N. del T.).*

[2]   Se refería a la Comuna, que había comenzado el 18 de marzo y duró hasta el 28 de mayo de 1871. *(N. del T.).*

[3]   En este caso, Bakunin considera que estamos ante una revolución, como demostró en esta primera conferencia, por sus implicaciones sociales, económicas y políticas, frente al tradicional concepto de la Reforma que se aplicaba más a lo estrictamente religioso, aspecto que no le interesaba en absoluto.

[4]   En este sentido, es interesante observar que Bakunin calificó lo que conocemos como Monarquía parlamentaria inglesa como constitucional, pero, sobre todo, como aristocrática, remarcando implícitamente que el Parlamento en su origen no tenía nada de democrático.

⁵　En realidad, se trataba de repúblicas con un marcado sentido aristocrático.

⁶　Aunque el absolutismo pudo justificarse con otros razonamientos, el argumento del derecho divino fue el principal, como podemos ver en Jacobo I a comienzos del siglo XVII —cuando se llegó a equiparar a los reyes con los dioses, porque ejercían un poder similar al divino— o en Bossuet, más tarde, con su obra *La política sacada de las Sagradas Escrituras* (1709), donde defendía que el poder le era transmitido al monarca directamente por Dios.

⁷　En este sentido, aunque no lo explicaba Bakunin, debemos recordar que tanto en Francia como en España el poder monárquico decidió intervenir en los asuntos temporales de la Iglesia frente al poder papal, ya fuera en la versión galicana de la primera, ya en la regalista de la segunda. Es más, debe recordarse que en la época del despotismo ilustrado las tres grandes coronas católicas (Francia, España y Portugal) expulsaron de sus Estados a la Compañía de Jesús por ser dependiente en todo de un poder ajeno, el de Roma. En todo caso, a Bakunin le interesaba más remarcar el papel de la Iglesia dentro del Estado moderno en cuanto institución dedicada a lo que podríamos denominar «dominación de las conciencias».

⁸　Recordemos, en el caso español, el mayorazgo, la fórmula perfecta para que permaneciesen intactos los patrimonios de las casas señoriales, al transmitirse los bienes íntegramente al primogénito, sin posibilidad de enajenarse ni dividirse entre los distintos herederos.

⁹　Versalles era el modelo más acabado de centro cortesano. La corte se convirtió, en todas las monarquías, en un espacio con estrictas reglas (etiquetas) para relacionarse como en una especie de teatro,

y desde donde se dispensaba la gracia. Estar en la corte era vital para la nobleza, especialmente la más alta, por la cercanía a la fuente del poder, es decir, el rey.

10   Bakunin designa con esta palabra la unión de los dos Imperios, el ruso zarista y el recién proclamado II Reich alemán (enero de 1871), con el mismo objetivo de explotar despiadadamente a los trabajadores. Era hipócrita en Alemania y brutal en Rusia, con su símbolo, el *knut*: un látigo compuesto de varias tiras terminadas por ganchos o bolas de metal que se usaba para castigar a los condenados. *(N. del T.)*.

11   Se refiere al poder de los *junkers* prusianos, con Bismarck a la cabeza, aunque este luego desarrolló una política un poco distinta al intensísimo conservadurismo que caracterizaba a esta nobleza del reino más poderoso del Imperio alemán.

12   Bakunin tenía muy claro que las guerras solamente buscaban mantener o conquistar la hegemonía de los monarcas, además de ser instrumento para la conservación de los Estados. Efectivamente, la búsqueda del equilibrio fue siempre algo momentáneo como solución a grandes conflictos, como en la Paz de Westfalia en 1648, que terminó con la guerra de los Treinta Años, o el Tratado de Utrecht en 1713, en relación con la guerra de Sucesión española. La idea del equilibrio solamente comenzó a tener una base más sólida en la época de la Restauración, una vez derrotado Napoleón, aunque fuera en una primera versión harto conservadora.

13   No se puede entender la historia de las sociedades y de los Estados modernos sin abordar las cuestiones hacendísticas y fiscales, como demostró en su día, para el caso español, el historiador Antonio Domínguez Ortiz.

[14] Una alianza que había permitido a la burguesía ingresar en el entramado institucional de los reinos medievales a través de la institución de las Cortes, al constituir el tercer brazo de estas.

[15] Bakunin pasa por alto que la abolición de la servidumbre en 1861 en la Rusia zarista empeoró la situación de los campesinos, que fueron obligados a comprar sus propias tierras. *(N. del T.).*

Debemos recordar que la guerra de Crimea (1853-1856) supuso la primera gran crisis de la autocracia rusa. Evidenció las carencias del zarismo y espoleó el descontento social, ya que muchos siervos se habían negado a luchar. El Gobierno ruso fue consciente de que si no se abolía la servidumbre podía estallar la revolución. El 19 de febrero de 1861 se promulgó el ucase o decreto que establecía la libertad personal de los colonos, que podrían trasladarse libremente, disfrutar de su casa y de un lote de tierra semejante al que ya explotaban. En contrapartida, debían pagar durante dos años los censos y corveas, además de compensar al propietario de la tierra. Para hacer frente a este gasto, el Gobierno estableció unos créditos, reembolsables en casi cincuenta años, con un interés del 5%.

[16] Hace aquí referencia al sistema gremial.

[17] Aunque no lo cita, no podemos negar que todo esto nos recuerda a Maquiavelo.

[18] Puede verse que Bakunin ya expresaba aquí uno de los pilares del anarquismo, la intensa crítica a la existencia del Estado.

[19] En la segunda conferencia, Bakunin atacará de forma contundente a Rousseau.

[20] En realidad, la asociación «libertad, igualdad, fraternidad» aparece por vez primera en el libro VIII de *Las aventuras de Telémaco*

(1699) de François Fénelon, obra dentro del género de literatura política crítica con el absolutismo al final del reinado de Luis XIV. Por otro lado, el lema de la Revolución francesa vino de Robespierre, que pretendió que se inscribiese en los uniformes y las banderas de las milicias nacionales en 1790, aunque no tuvo éxito.

21 Bakunin ya citó esta frase en 1869, véanse las *Obras completas* [1977:II, 211]. Está en versos de Pierre Lachambeaudie (1806-1872), poeta comprometido. *(N. del T.).*

22 Sylvain Clément, sindicalista y fotógrafo profesional en Saint-Imier. *(N. del T.).*

23 Bakunin critica con dureza el concepto de «estado de naturaleza» sobre el que descansaba el nuevo sistema político liberal. En dicho «estado de naturaleza» el hombre tenía unos derechos naturales que el Estado resultante debía reconocer y garantizar. Sin embargo, era evidente que la igualdad, un derecho natural, era solamente jurídica, no económica, una pega fundamental tanto para el anarquismo como para el marxismo, y Bakunin lo desarrolla en esta conferencia. Además, como vemos, abominaba en sí del concepto de contrato social de Rousseau porque el hombre no creaba la sociedad, el contrato social, sino que nacía en el seno de la sociedad, y lo hacía, lógicamente, de forma involuntaria.

24 Curiosamente, los masones lo son si son reconocidos como tales por otros masones.

25 Esta afirmación aleja, claramente, la supuesta semejanza entre los defensores a ultranza del liberalismo, profundamente individualistas, con los principios del anarquismo, partidario del individuo, lógicamente, pero cuya libertad no podía ser individual ni ponderarse

en el límite de la libertad del otro, sino que dependía de una concepción social de la misma. Este asunto, si se nos permite, ofrece una enseñanza importante para desenmascarar a aquellos que hablan de anarquismo desde la defensa, casi fundamentalista, del individualismo en la elaboración de una sociedad neoliberal.

[26] Este sería un aspecto fundamental de confrontación con el socialismo, que defiende la participación en el juego político; así, los primeros partidos socialistas, para hacerlo posible, lucharon por el establecimiento del sufragio universal en el último cuarto del siglo XIX y se movilizaban para conseguir el voto obrero frente a otras opciones políticas.

[27] El anarquismo siempre sintió una evidente pasión por la enseñanza, aunque no para poder votar, sino como medio fundamental en la emancipación.

[28] Georges-Jacques Danton (1759-1794) fue partidario de Robespierre, se opuso a él cuando se multiplicaron las condenas a muerte y fue guillotinado. Maximilien Robespierre (1758-1794) fue uno de los organizadores del Terror durante la Revolución francesa, y lo justificaba como una dictadura para imponer la justicia. Louis Antoine Léon Saint-Just (1767-1794), revolucionario intransigente, fue guillotinado con Robespierre. *(N. del T.)*

[29] Termidor, mes del calendario republicano que cubría parte de julio y agosto. La época conocida como Termidor duró de 1794 a 1795 y aplicó una política centrista antirrevolucionaria. *(N. del T.)*

[30] Los jacobinos querían edificar una sociedad burguesa centralizada y se dividieron a raíz de esta cuestión y la de la rapidez de la aplicación del control de la nueva sociedad. *(N. del T.)*

[31] François-Noël «Gracchus» Babeuf (1760-1797), peón caminero francés, luego jurista, y revolucionario en 1789. Adoptó su apodo en honor a los hermanos Graco, impulsores de una reforma agraria en la República romana en el siglo II a. C. Babeuf criticó la carencia ideológica y exigió la desaparición de «las intolerables diferencias entre ricos y pobres, grandes y pequeños [propietarios], amos y criados»; exigió que las mujeres participaran en las instituciones; para derribar la Revolución de los burgueses, lanzó un movimiento clandestino: la Conspiración de los Iguales. Detenido junto con centenares de partidarios —uno de los más famosos fue Filippo Buonarroti—, tras dos motines en París para liberarlo fue enviado a Vendôme y guillotinado con Augustin Darthé, jurista y revolucionario. *(N. del T.).*

[32] Babeuf y sus seguidores pueden ser considerados precursores del comunismo, y dieron lugar al neobabuvismo, muy activo en la década de 1830 en Francia.

[33] Thomas Müntzer (1489-1525), teólogo alemán anticatólico que participó como caudillo revolucionario en la guerra de los campesinos alemanes al lado de estos contra los nobles; fue capturado, torturado y decapitado por los «buenos» cristianos. *(N. del T.).*

[34] James Guillaume, en *Biografía de Miguel Bakunin,* Halcón, Madrid, 1968, indicó con mucha razón «algunos». Véase, asimismo, M. Bakunin, *De la guerre à la Commune,* Fernand Rude (ed.), Anthropos, París, 1972, p. 391. *(N. del T.).*

[35] Filippo Buonarroti (1761-1837), jurista italiano. En 1789 viajó a Francia para participar en la Revolución y se nacionalizó francés. Detenido con Babeuf en 1796 por participar en la Conspiración de los

Iguales, fue condenado y deportado. Indultado, se fue de Francia y en 1828 publicó en Bruselas *Conspiración dite de Babeuf, suivie du procès auquel elle donna lieu, et des pièces justificatives, etc, etc* [«Conspiración llamada de Babeuf, continuada por el proceso a la que dio lugar, con los documentos, etcétera»]. *(N. del T.).*

[36]   Sociedades secretas cuyo esquema inspiró a muchos socialistas, como Marx en 1848, y luego a Bakunin. *(N. del T.).*

[37]   Adhémar Schwitzgébel (1844-1895), grabador, miembro de la AIT. Existen artículos suyos editados por James Guillaume en el volumen *Quelques écrits,* P.-V. Stock, éditeur, París, 1906. *(N. del T.).*

[38]   El Directorio (1795-1799), encabezado por de cinco directores y compuesto de dos cámaras, intentó calmar el clima de represión, pero terminó con el golpe de Estado del 18 de Brumario (9 de noviembre de 1799), que dio todo el poder a Napoleón y que es a lo que Bakunin se refiere cuando menciona «la usurpación del primer Bonaparte». *(N. del T.).*

[39]   Se denomina así el periodo (1814-1830) del regreso de los Borbones al trono de Francia tras la caída definitiva de Napoleón y del Primer Imperio; se caracterizó por una fuerte reacción política. *(N. del T.).*

[40]   Los tres fueron luego famosos criminales franceses: Casimir Perrier (1777-1832) dirigió la represión de los *canuts* en 1831; François Guizot (1787-1874) represor de la segunda rebelión de los *canuts* y ministro del Interior; Adolphe Thiers (1797-1897) reprimió la Comuna de París. *(N. del T.).*

[41]   Septiembre de 1868. Reproducido en BAKUNIN [1977:II, 102-121]. *(N. del T.).*

⁴² Posiblemente, este comentario tenía que ver con el hecho de que la Internacional en España tuvo un fuerte componente anarquista frente al marxista.

⁴³ James Guillaume [1968] modificó las cifras de Bakunin para respetar las proporciones. *Cfr*. la nota de Fernand Rude en BAKUNIN [1972:396]. *(N. del T.)*.

⁴⁴ El giro conservador de la Segunda República, liderado por Lamartine, pretendía aligerar la presión social sobre París a través de un programa de construcciones ferroviarias que diera trabajo a los parados y sacara a los trabajadores de la capital. Pero lo que más inquietaba a Lamartine y a la burguesía eran los talleres nacionales tanto por su coste económico como, sobre todo, porque constituían centros de propaganda política radical. Este giro recibió la respuesta de los obreros en las jornadas de junio de 1848 en París, un levantamiento sofocado y duramente reprimido por el general Cavaignac.

⁴⁵ Thiers, en mayo de 1871, envió a París las tropas francesas, con el apoyo de las alemanas, para aplastar la Comuna. A finales de agosto fue elegido presidente provisional de una República que se conoce como Tercera, pero que nunca se proclamó.

⁴⁶ Jules Favre (1809-1880), abogado izquierdista, fue a partir del 4 de septiembre de 1870 vicepresidente del Gobierno provisional y ministro de Defensa, cargo en el que demostró su incompetencia en este campo. Fue un acérrimo enemigo de la Comuna de París. *(N. del T.)*.

⁴⁷ James Guillaume [1968] invirtió la frase en la edición de este texto, no entendemos el porqué: la burguesía pregonó el sufragio universal y lo pisoteó al apoyar el golpe político de Luis Bonaparte

en 1848, que él mismo repitió con el ejército en 1851 para proclamarse emperador, dejando a la burguesía entre la indiferencia y las poquísimas reacciones de defensa armada. (*N. del T.*).

48 Efectivamente, la Cámara baja era elegida por sufragio universal, aunque con un poder muy limitado. Ese sufragio, como la existencia del derecho de plebiscito, eran esgrimidos por el emperador como ejemplos de que su régimen era democrático. Eso sí, siempre hubo un pequeño grupo de diputados que se opusieron al poder de Napoleón III, como hemos visto con los casos de Thiers y Favre.

49 Esta interpretación de Bakunin sobre la política exterior de Napoleón III es muy sugerente porque, frente a la afirmación de que se hubiese producido exclusivamente por capricho imperial, matizaría que también se produjo por las necesidades de la burguesía y del capitalismo franceses. En todo caso, sí parece cierto que Napoleón III se caracterizó por desarrollar una activísima política exterior para cuestionar los residuos del sistema de la Restauración y se presentó como el adalid de los libertadores, aunque luego los abandonara como hizo con los piamonteses frente a los austriacos, o impusiera un renovado, aunque fracasado, imperialismo en México.

50 Ernest Picard (1822-1877), antibonapartista, de centro izquierda, fue a partir del 4 de septiembre de 1870 ministro de Hacienda. Luego tomó un giro derechista y se declaró enemigo de la Comuna de París. (*N. del T.*).

51 Jules Ferry (1832-1893), político, a partir del 4 de septiembre fue miembro del Gobierno provisional, luego alcalde de París y, en marzo de 1871, enemigo de la Comuna. Luego fue ministro de Educación y creador de la escuela laica, gratuita y obligatoria para niñas y

niños. También dinamizó el imperialismo colonizador francés con la conquista de Madagascar y de parte de Vietnam. *(N. del T.)*.

[52] Jules Simon (1814-1896) fue diputado de la oposición republicana y ministro de Educación. *(N. del T.)*.

[53] Eugène Pelletan (1813-1884), liberal (aunque reaccionario), fue a partir del 4 de septiembre ministro sin cartera. *(N. del T.)*.

[54] A pesar de lo que tradicionalmente se piensa en comparación con el marxismo.

[55] Lectura de Fernand Rude en BAKUNIN [1972:404]. *(N. del T.)*.

Índice

«E il naufragar m'è dolce in questo mare»